너를 만나러 가는 길

창조문예
시 선
0 1 6

너를 만나러 가는 길

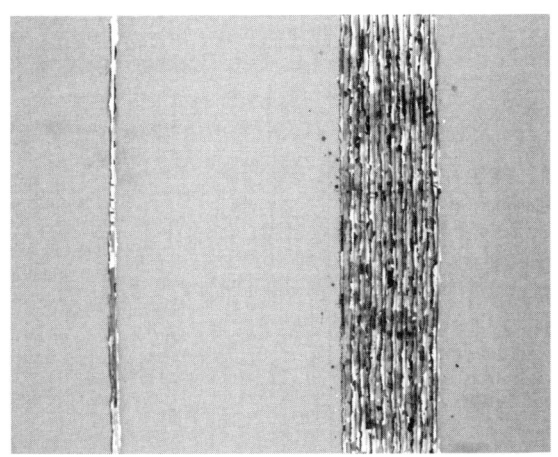

사단법인 한국기독교문인협회 편

창조문예사

머리말

문학의 즐거움, 시詩가 주는 행복

이수영
(시인·한국기독교문인협회 이사장)

좋은 인생은 좋은 시詩에 앞선다. 만물 앞에 겸손한 자세로 나를 낮추고, 향기로운 삶의 영위를 위해 끊임없이 노력해야 한다. 문학인, 특히 시를 선택한 시인의 책무다.

시의 길이 인생길이다. 유일신께서 천지창조 하실 때, 다섯 음절로 말씀하셨다. "빛이 있으라". 태초의 그 말씀 한마디가 시 아니고 무엇이랴. 첫째 날, 빛을 쪼개 낮과 밤을 갈라 놓으셨다. 천지가 만물이 밝음과 어둠을 향유할 수 있게 된 역사적 사실이다.

하나님의 세계는 낮과 밤이 존재한다. 우리가 살면서 명랑하고, 즐겁고, 평안한 휴식의 시간도 있지만, 인간으로서 느껴야 하는 슬픔의 감정과 불행의 어지러움이 닥쳐올 때가 있다. 그리하여 인간이 스스로 자신을 위무할 수 있는 방편을 마련하는 것도 좋은 일이라는 생각을 해 본다. 지당하기로는 유일신께 모든 것을 맡기고, 긍휼을 바라야 할 것이다. 그러함에도 불구하고, 인간은 누구나 나약하기 짝이 없는 '어린 양'이기에 구실 하나를 가져 본다. 시가 우상이 되어서는 경을 칠 일임을 경계하면서 말이다.

 2024년, 현재 시점에서 대한민국의 경제 성장은 세계 강대국 10위권 안에 자리를 확보하고 있다. 또 한글은 K팝과 함께 세계인의 입술을 통해 표현되고 있다. 보이저(VOYAGER) 호의 골든 레코드에는 한국인의 인사말 "안녕하세요"가 수록돼 있다. 대한민국이 이처럼 경제적 문화적 높은 가치의 결과를 갖게 됨은 온 국민의 힘을 하나로 뭉칠 수 있게 한, 그 대단한 '응집력凝集力'에 있다. 따라서 우리는 이제 범국가적인 차원에서 다시 한번 중지衆志를 모아야 할 필요성을 느낀다. 노벨문학상 수상자를 내는 것이 우리 문학인들의 목표다.

 이 글을 써 놓고, 잠깐 시간이 흘러갔다. 그러는 사이 지난 10월 10일, 스웨덴 한림원은 2024년 노벨문학상 수상자로, 대한민국의 한강 작가가 2024년 수상자로 결정됐다는 발표를 했다. 축하할 일이다. 이제 시작이다.

 대표시집 『너를 만나러 가는 길』은 귀한 선물임을 믿는다. 시가 주는 행복을 여러분과 함께 나눌 수 있어 좋고, 또 좋다.

 선물의 여정이 순조로워 오대양 육대주에서 만나는 한 사람 한 사람 모두가 존재의 행복을 느낄 수 있기를 바라며, 참여해 주신 회원 여러분께 감사드린다.

발간사

위로와 용기, 희망의 등불

홍계숙
(사단법인 한국기독교문인협회 시분과위원장)

이 땅의 시인들은 우리의 언어를 갈고닦으면서, 우리의 정서로 삶과 희망, 그리고 이 땅의 역사를 노래해 왔다. 자연이나 인생에 대한 고뇌苦惱와 사유思惟로 노래한 것이다. 이 땅의 모두에게 사회적인 삶과 역사적인 삶으로의 인식과 실천의 일깨움을 주기도 했다. 이 시들은 섬세한 지성과 정신, 그리고 예술적 감각과 예민한 감수성으로 민족문화를 한 차원 높이는 데에도 기여했다.

이러한 우리의 문학은 지난해에 한강 작가의 노벨문학상 수상으로 높은 수준에 도달한 한국문학의 현주소를 보여 주었다. 그렇게도 멀리 있었던 노벨문학상을 우리나라 문학인 중에서도 수상할 수 있었음을 보여 주었고, 우리의 한국문학은 세계문학 속에 자리매김된 것이다. 그것은 한국문학을 통한 우리나라의 국격國格을 높였다. 이 한강 작가의 수상은 수상자 개인뿐만 아니라, 우리나라 문학인들의 자부심인 것이다.
 "시와 찬송과 신령한 노래들로 서로 화답하며"(에베소서 5장 19절)란 성경의 구절에서 보듯이, 시를 통한 아름다운 삶을 추구하도록 일깨워 준다. 프랑스의 폴 발레리도 "시 작품 속에는 시인의 생명이 움직이고 있으며, 그 시인의 시적 미美가 작용하여 발광發光하고 있다"고 말했다. 이는 독자가 그 시인의 미적인 감정과 발광되는 신비스러운 맛을 삶 속에서 향수하는 것이다. 그것은 시가 지닌 생명력이며, 모두에게 일깨움과 깨달음의 잠언적箴言的인 깊은 감동을 주고 있기 때문이다.
 이 시집은 시인들 스스로가 자작시自作詩 중에서 선정한 대표시를 수록했다. 지금까지 시작詩作한 시 중에서 선정했기 때문에, 어떤 시보다 아름다운 삶을 위한 일깨움과 깨달음의 깊은 감동을 줄 것으로 믿는다. 이 시를 통해 누구나 위로와 용기, 내일의 아름다운 희망을 지녔으면 좋겠다. 이 어두운 세상 속의 삶을 훤히 밝혀 주는 희망의 등불이기를 염원해 본다.

 차례

머리말_ 문학의 즐거움, 시詩가 주는 행복 • 이수영　　4
발간사_ 위로와 용기, 희망의 등불 • 홍계숙　　6

제1부_ 오늘의 섬

권은영	오늘의 섬	15
권오숙	삶	16
김선영	달팽이 일기	18
김국환	지나간 자리	20
김영진	빈 그릇의 노래	21
김옥례	민달팽이	22
김종욱	링거	24
김현승	절대신앙絕對信仰	25
박영하	다락방에서	26
박이도	어느 인생	27
오성건	한세상 사노라면	28
박재화	복서	30
이경자	황혼의 미소	31
이수영	무지개 생명부生命賦	32
이오장	수의는 주머니가 없다	33
이춘원	몽당연필	34
이향아	세상의 후미진 곳에서	35
전홍구	나뭇가지 끝에 걸린 하늘	36
전길자	생애生涯	37
홍금자	정말 시간은 기다려 줄지도	38
정선혜	주전자 마음	40

제2부_ 주主여 어디로 가시나이까

권옥란	침묵	43
김경수	창조創造의 노래	44
김명환	눈물	46
김석림	어둠 후에 빛은 오리라	48
김완수	대기권	50
김재용	현관문 스르르 열리듯이	52
김동민	그가 허락한 대로	54
박목월	어머니의 기도	55
박원혜	잠	56
심홍섭	아름다운 멍에	57
양효원	비파 소리	58
엄창섭	맑은 눈물의 기도	59
이문수	AI목사에게	60
이행자	썩고 지고 죽고 지고	61
임인수	땅에 쓴 글씨	62
최규창	주主여 어디로 가시나이까	63
정승화	늦뱀	64
조정태	땅 위에 쓴 글씨 · 2	66
피기춘	시를 쓰는 이유	68
황희종	다시 주님 앞으로	69
홍계숙	마르지 않는 생명 샘	70
하나은	말[言]아 말[馬]아	72

제3부_ 보리고개

김부식	아린 아리랑	75
김기동	어머니의 묘비명	76
김국애	소금 항아리	78
김한나	엎어지기	80
박종권	귀향	81
배상호	언덕을 넘어	82
신호현	북한에 바로왕	83
엄원용	벽壁	84
유혜목	버려진 교자상	86
윤갑철	시골 편지	87
윤병춘	고란초	88
이석규	아버지	90
이성교	까치 소리	92
이해경	장미 옆에서	94
이실태	한 서린 낙동강	96
이해수	어머니의 유산	97
한해경	발효는 나의 힘	98
허소라	겨울밤 전라도	100
황금찬	보리고개	102
조창희	한과	104
황대성	빠알간 마음	105
황송문	까치밥	106
이상조	마지막을 기다리는 심정	108

제4부_ 10월의 연가

김명아	더블베이스 앙상블	111
김순권	10월의 연가	112
김보림	빈 어항	114
김순규	그대에게 이르는 길	115
김홍섭	그리움 크면 산 되지	116
김효경	봄날의 월담	117
배정규	당기는 것	118
석용원	종려棕梠	119
안혜초	우리 사랑 지금은	120
양규창	사랑의 빛	122
오인숙	나이테	123
용혜원	너를 만나러 가는 길	124
이선님	낙엽의 노래	125
이 탄	약속	126
이희복	나무 밑에서	127
장수철	소망	128
임승천	사랑으로	130
최영순	사월의 신부	131
최창일	느낌	132
하옥이	여백론餘白論	133
한준택	기억의 꽃밭	134

제5부_ 그리운 메아리

김년균	새의 말	137
김신철	겨울 오는 소리 · 1	138
김예성	꽃병	140
김형주	비를 맞으며	141
노유섭	순천만 갈대숲	142
류재하	산과 하늘	143
박경종	꽃길	144
박화목	별이 떨어지는 밤	146
석운영	넌 꽃이잖아	148
유승우	바다	149
유진형	개울가의 작은 집	150
이명희	옥신각신	151
이호동	작은 새	152
장인찬	산 구름	154
이소희	감국甘菊 향이 빚는 아침	156
정려성	묘향산 여름날에	157
차아란	잡초에게	158
최순향	긴힛돈 그츠리잇가	159
함윤용	한강	160
최은하	그리운 메아리	162

시인 약력   163

제1부
오늘의 섬

오늘의 섬

권은영

오늘의 섬은
등 기댈 벗 하나 없이
홀로 서서
오늘을 보내고 있다

눈을 뜨면
서늘히 칼끝으로 그은
세상의 냉정한 수평선
귀를 열면
갈매기 노래를 닮은
세상의 이명耳鳴

삶은 섬이다
망망한 안개 세상
번뜩이는 비바람이 친구일까
아슴아슴 외로운 길을

등대를 바라보고 가듯
고독한 걸음으로
하늘의 등대를 바라보고 간다

삶

권오숙

공사 중입니다

덜 마른 시멘트에
그대의 발자국 찍히고

삐죽이 나온 철근들이
심장을 찌릅니다

먼지 속에서 그대의 얼굴
희미하게만 보이는

지금은
공사 중입니다

어느 날

당신의 나라가 임할 때에
비로소

당신의 손길로

공사를 완공할 것입니다

지금은
공사 중입니다

달팽이 일기

김선영

장마 끝머리
젖은 풀잎 사이에서 나와
급하게 길을 건너는
달팽이를 만났다

검은 구름 틈새로
왕거미 그물이
작은 물방울 하나 달고
출렁이고 있다

보일 듯 숨는 해 머리가
때로는 등을 따갑게 밀어 대지만
삶의 정수리 향해 가야 하는
달팽이 수놈 한 마리

이미 햇살은 빠알갛게
몸을 드러내고 있었다
이제 어쩔 수 없는 길가 한복판
더는 기어갈 힘이 없다
스스로 오롯이 견뎌야 하는

이 찬란한 고통

위험한 지상의 길이여
거대한 추락이여
허기진 시간쯤
막 해가 서녘을 넘고 있다.

지나간 자리

김국환

살아있는 모든 것은
지나간 자국을 남긴다
마음도 지나가며
흔적을 새기었다

이처럼
지나간 것은
네 눈빛으로 보아야
돋보일 것 같다

가만히 돌아보면
맘으로 들려주는
영혼의 숨결들이다

너와 나의 마음이
지나간 그 자리에
'상선약수' 물꽃이
활짝 피었으면 좋겠다

빈 그릇의 노래

김영진

빈 그릇에
하늘 한 점, 달빛 한 점
구름 한 점, 바람 한 점
강물 한 점

개이거나 흐리거나
꽃 피거나 눈 내리거나
나는 늘
출렁거려요

빈 그릇은 채워도
넘치지 않고
비어도 가득 넘치는
노래가 살아요

한 점
또 한 점
나는 날마다
비워 가요

민달팽이

김옥례

남루한 옷 한 벌
변변히 걸칠 것 없어
속살 드러낸 네 모습
부끄러워하지 마라

머지않아 우리 모두가
다 벗어야 하리
다 버려야 할 때가 오리니
아무것도 가지고 갈 수 없으니

지금은 조금 불편해도
때로는 서러워도
제 몸 하나 가리울
집 없이 살아왔음을
후회하지 마라

저항할 무기도
비상할 날개도 없이
더듬이 하나로 약삭빠르지 못해

느리게 살아왔으나
오직 한곳만을 향하여
한 번만을 사랑하며
살아왔음이 행복이어라

링거

김종욱

흰 장미의 순결한 꽃잎은
팔을 침대 밑으로 늘어뜨린
미인의 손목처럼 하락하고 있다
박하꽃 향기 가득한
창밖으로 햇빛이 뭉개지는 정갈한 병실
그저 견디는 것뿐
티 없이 빛나는 투명을

절대신앙 絶對信仰

김현승

당신의 불꽃 속으로
나의 눈송이가
뛰어듭니다

당신의 불꽃은
나의 눈송이를
자취도 없이 품어줍니다

다락방에서

박영하

없는 시력의
도끼눈을 뜨고
"너 자신을 알라"라고 한
소크라테스를 사랑할 동안은
슬프지 않았다
고독하지 않았다
그립지도 않았다
어둔 다락방에서
습기뿐인 이슬에 젖어
눈뜨지 않은 태양을 사랑하며
침묵보다 더 깊은
정적 속으로 빨려 들어가
무거운 그림자 하나
건져 내고 있을 동안은
행복했다

어느 인생

박이도

이제야 내 뒷모습이 보이는구나

새벽 안개밭으로 사라지는 모습
너무나 가벼운 걸음이네
그림자마저 따돌리고
어디로 가는 걸까

한세상 사노라면

오성건

우리 한세상 사노라면
억장臆臟 무너질 일
어찌 한두 번이겠는가
그래도 그러려니 사는 거다

우리 한세상 사노라면
바람 불어 가슴 시린 날
어찌 한두 번이겠는가
그래도 그러려니 사는 거다

우리 한세상 사노라면
죽음의 이별 슬픈 아픔이
어찌 한두 번이겠는가
그래도 그러려니 사는 거다

우리 한세상 그리 참고 견뎌
하늘 섭리 안에 사노라면
무너지는 아픔도 슬픈 고뇌도
어차피 한평생 그렁저렁 흘러가고

풀잎 이슬 되는 거다
아침 안개 되는 거다
옛날 옛적 얘기 되는 거다
그 아픔 그 상처 황금 진주 되는 거다

복서

박재화

비틀대며 여기까지 왔지만 많은 주먹을 맞았지만 몇 번이나 넘어질 뻔했지만 나 여기 서 있다! 심판도 관중도 내 편이 아니지만(야유가 차라리 내겐 힘이다) 수없는 터널을 지나 예까지 왔는데 누가 수건을 던지랴 하느냐 마지막 라운드에 타월이라니? 비록 체력은 바닥났지만 정신은 말짱하다 말해보라 내 주먹이 허공만 가른 건 아니잖느냐 가끔은 카운터펀치도 날렸지 않으냐 그러니 내게도 박수를 보내다오 박수까진 몰라도 끝까지 지켜는 보아다오 여기서 흰 수건 던지면 누가 나 대신 링에 오르겠느냐 네가 아무리 주먹을 휘두르고 일방적 응원을 받아도 나를 이길 수는 없다(나도 나를 이기지 못했는데 네가 나를 이긴다고?) 좋아하지 마라 너의 손이 올라가기 전 나는 링을 내려갈 것이다 축하는 해주겠다 나를 이만큼 버티게 해준 링사이드의 특별 관중과 모처럼의 찬스에서 나를 제지한 레퍼리에게도 목례는 하겠다 그러나 잊지 마라 네가 승자라면 나도 승자다!

황혼의 미소

이경자

바람 부는 날이 아니어도
가고 싶은 곳이 있다는 것
다행입니다.

뜬금없이
문 열고 들어서도
맞이하는 당신
감사합니다.

눈 감고도 알아볼 수 있고
시간 탓하지 아니하시고
이야기 들어 주시는 그대 있어
참 행복합니다.

당신의 미소가
가슴에 남아
바라만 보아도 좋은
내 황혼의 미소로
남기를 기도합니다.

무지개 생명부生命賦

이수영

벤치에 그늘이 앉아 있다

나는 그 그늘에 앉는다

특별한 그늘, 그러나 시한부 그늘,

창대했던 그 그늘 속에서

그리운 거 하나 없었는데,

그늘은 점점

햇빛을 제 몸에 들이고 있다

그늘과 햇빛이 만드는 저,

무지개.

수의는 주머니가 없다

이오장

가진 것 없다고 큰소리치면서
산 뒤에 산을 숨기고
물속에 강을 숨기는구나
처음부터 하나인 것을 둘로 나눠
하나를 빼앗아 또 하나를 만들고
제 이름 새기는 욕망의 삶과
아무것도 없으니 쓸 게 없다며
남루를 쓴 비굴의 삶은
손에 쥔 것을 보지 못하는 바보다
결혼식장의 화환 앞에서 맛본 희열이
장례식장 조화 앞에서 꺼졌을 때
너나 나나, 화환과 조화는
꽃으로 만든다는 것만 알고 있어서
향기의 무게를 모른다
가지는 건 묻어두고
금고 문 닫아버린 삶의 끝은
남은 자들의 입술에서 녹는 것
하나를 얻으면 두 개를 써라
수의는 주머니가 없다

몽당연필

이춘원

오래전부터
내 삶을 적어오고 있다
가끔은, 부끄러운 흔적을
비겁한 합리화로 지워가며

어느 날,
한 장 한 장 넘겨보니
삐뚤빼뚤 흔들림이
틀림없는 내 삶의 흔적이다

이제부터라도 정직하게
바르게 기록하고 싶은데
쓸 수 있는 연필은
이미 몽당연필이 되었다

한숨을 쉬고 있기에는
너무도 짧은 시간
난쟁이가 되어버린 몽당연필로
남은 나의 이야기를 얼마나
더 쓸 수 있을까

어느덧 한 해가 넘어가고 있다

세상의 후미진 곳에서

이향아

세상의 후미진 곳에서
나를 아직 용서하지 못하는 사람이 있나 보다
용서할 수 없음에 뜬눈의 밤이 길고
나처럼 일어나서 불을 켜는 사람이 있나 보다

질펀하게 젖어있는 창문께로 가서
목 늘여 달빛을 들여마시면
나를 적셔 흐르는 깨끗한 물살
반가운 소식처럼 퍼지는 예감

날 용서하지 않는 사람이 있나 보다
용서받지 못할 일을 내가 저질렀나 보다
그의 눈물 때문에 온종일 날이 궂고
바람은 서러워 온몸으로 우나 보다
사시철 그래서 내 마음이 춥고
바람결 소식에도 귀가 시린가 보다

나뭇가지 끝에 걸린 하늘

전홍구

고개 쳐들어 터져라 외쳐 보아도
대꾸도 없는 세상을
신문과 방송은 끈질기게 흔들어댄다

가로등 낮잠에 빠져 졸고 있는 공원
그네에 몸 싣고 흔들어 보아도
세상은 멈추어 있다

보고 들은 것 다 잊고 싶어
소주 한 병 통째로 홀딱 마셔버리고
병든 세상을 몽땅 담아 병마개를 꼭 잠근다

살맛 나는 세상인데
멀리 서 있는 나뭇가지 끝에
아직도 하늘이 걸려 있다.

생애 生涯

전길자

길게 이어진
몇 겹의 고통이
덕장에 걸려 있다
내장 다 빼버리고
얼었다 녹아내리기를 반복하지 않고는
제값을 받을 수 없다
살얼음 품어야만 제맛을 내는
빳빳하게 긴장한 삶이어야 깊은 맛 우려내는 생애
한 번쯤 덕장을 빠져나가
겨울바람 피하고 싶었을까
한 번쯤 사랑에 녹아
허물어지고 싶었을까
하얗게 쏟아지는 눈발 끌어안고
곧추서서 기다리는
먼 날
아버지의 아버지가 그렇듯.

정말 시간은 기다려 줄지도

홍금자

십자가 끌고 가는
어깨 위로 채찍질 떨어지던
피 묻은 가죽 채

세상은 아프다
매번 곤두박질치는
삶의 절벽을 오르기엔
늘 힘이 부족하다

견뎌야 한다고
견디는 것만이
이기는 거라고
말은 하지만
아직도 옆구리는
상처 진 채
흥건한 피 흘림

백 번이라도
천 번이라도
참아야 한다면

너에게도
나에게도
정말 시간은
기다려 줄지도 몰라

지금 바로
주님께 손 내밀 시간

주전자 마음

　　　　　　　　　　　정선혜

밋밋한 접시보다
오뚝한 컵보다
긴 콧속 구멍들
찌꺼기도 걸러내니
그릇 나라 임금님은
주전자.

쇠 주전자도
도자기 주전자도 그럴듯하지만
화난 맘 걸러서
용서를 따라내는
내 마음속 주전자

제2부

주主여 어디로 가시나이까

침묵

권옥란

수많은 언어들이 사산되고 있는 시간

진실 앞에 격정을 다독이며
소리치고 싶은
감정을 다독이는 일이다

숨 막히는 긴장의 조율이며
다른 세계로의 입성
끓어오르는 격정의 절제다

공감을 예열하는 노력이고
동행하려는 몸부림
평화를 소망하는 갈구다

긴 밤, 숙면을 거부한 기도의 순간이다

창조創造의 노래

김경수

바다 밑 같은 고요가 지구를 덮는다
우주가 호흡을 멈춘 듯한 밤의 침실
시간과 의식이 단절된 자리에 새로 떠오른 별 하나
어둠에 파묻혔던 시공時空을 밝힌다

혼돈과 유동…… 우주가 징발하는 창가에 찌르릉 울리는
목소리에 번쩍 나의 귀가 트인다

어둠 - 그리고 죽음을 다스리는 태양이여
이제 그 운행을 멈추라
그리하여 이 밤이 다시 새지 말라
그리고 인류는 다시 깨지 않는 영원한 밤으로 깔려가라
- 지구는 딱, 그 회전을 멈추고
그 거대한 체구를 창세 이전 태초로 옮기라
거기 해도 달도 별도 사람도 짐승도
아무것도 있지 않은 없음 없음만이 있는 세계……

우주는 저 푸르디푸른 창에 이전으로 즉시 해체돼라
 땅이 혼돈하고 공허하며 어둠이 깊음 위에 떠도는 바로
거기

창조주 야훼는 눈부신 광채를 눈부신 광체를 입으시고
다시 물 위에 나타나시리라

이미 있는 세계
더러운 발자국의 우주를 없음으로 돌리고
새로 설계된 우주의 새 창조 목록을 펼치신 조물주 야훼는
다시 우렁찬 목소리로 새 창조의 첫울음을 터뜨리리라, 그때,

사랑과 은밀의 골짜기
푸른 산은 가슴 열어
긴 내가 흐르고
독사와 노루가 어울리며
아가와 이리가 한자리에 웃음 짓는
새날이 휘영청 밝으리라

다시 눈물도 서러움도 아픔도 없는
우주의 새날이 짙푸른 하늘 떠이고 창창이 밝으리라

눈물

김명환

너는 알았느냐
그리될 줄을 알았느냐

영혼에서 떨어지는 눈물
네가 울면 나도 우노라
여기저기 통증으로 시달리는 이들

애야, 내가 왜 낮아졌는지
이리도 좁은 길을 헤쳐왔는지
이 심정을 조금은 알겠느냐

눈물 나면 하염없이 울려무나
네 속의 병증이 다 날아가도록
때가 되면 웃을 날이 오리라

네 이웃을 위한 한 시간의 기도다
너와 자녀의 간절한 소원이
기쁨의 단으로 정녕 돌아오리라

네 눈물 있는 곳에 내가 있나니

부끄러워 말고 실컷 흐느끼렴
네가 내 품에 안겨 기뻐할 그 날까지

어둠 후에 빛은 오리라
― 제네바 대학 종교개혁기념비 앞에서

김석림

절망의 언어 참담하게 널브러진
에스겔 골짜기
선지자여, 너는 무엇을 보는가
말씀을 대언하라
꿈을 빼앗긴 뼈들아
태초의 생기 불어넣으리니
일어서라, 영광의 빛으로 일어서라

하늘의 음성 단절된
베드로 성당의 십자가 첨탑
오벨리스크의 해시계가
길을 잃고 멈추어선 광장에서
진리의 깃발 드높이 펼친
빛의 사자들 그 뜨거운 심장이
여기 잠들어 있노라

홍해를 가른 불기둥처럼
장엄하게 솟아오른
아침 햇살 그 거룩한 불씨
돌판에 새기고

시내 산 제단 홀로 지키는
모세야, 이제 깨어나라
생명의 말씀으로 부활하라

하늘로 솟은 노틀담 사원
종탑 구석에 갇힌 쿠아시모도*
오늘도 종은 울리지 않고
창백하게 질식해가는
십자가 불빛
신부야, 세마포 몸단장하고
등불을 준비하라
어둠 후에 빛은 오리라

* 쿠아시모도 : 빅토르 위고의 『노틀담의 곱추』에 등장하는 인물

대기권

김완수

창조주는 어떻게
지구의 생물들을 감싸는
대기권의 보호막을 만들었을까요

그 보호의 장막이 없다면
낮과 밤의 기온이 백 도 이상 벌어질 것이고
우주의 파편들이 무방비로 날아와
수시로 지구에서 대형 사고들이 일어날 것입니다

하지만 지구의 생물들은
창조주의 사랑의 날개 같은 그 방패 아래에서
안전하게 숨을 쉬며
건강과 행복의 신선한 에너지를 충전합니다

우주의 신성한 설계자는 어떻게
생물들의 건강하고 행복한 삶을 위해
공기 성분들의 비율을 절묘하게 엮었을까요

날마다 숨을 쉬며 살면서도
오묘하고 놀라운 하나님의 사랑과 지혜를

감지하지 못하는 어리석은 자들을 위해
그는 왜 자비의 날개를 접지 않을까요

이제는 더 이상 감각이 마비된 기계처럼
숨을 쉬지 말게 하시고
매 순간 그의 사랑의 맥박을 생생히 느끼며
감사의 노래로 그를 찬양하게 하소서

현관문 스르르 열리듯이

김재용

새벽 기도 갔다 오면
대송에이스빌 아파트
101동 1203호
키 번호 누르면

현관문 스르르 열리듯이
하는 일마다
절로 절로 성취하게
인도하신 내 주님께 감사로다

기도가 답인 것을
일찍이 깨닫게 하신
내 주님의 은총!
모든 믿는 자의
자녀들이
믿음으로 굳게 서게 될지어다

내 자녀 16명마다
지식과 지혜 주사
하는 일마다 형통하게 하사

내 주님께
영광 돌리게 하시고
현관문이 스르르 열리듯 하심 감사로다

그가 허락한 대로

　　　　　　　　　　　　　김동민

꿈을 꾸면 모르는 사이에
많은 일들이 일어나고
일어나면 잊고 나서
곰곰이 생각한다

"무슨 꿈을 꾸었는가"
"어떤 꿈을 꾸었는가"

퍽퍽하던 한 사람이
그 꿈으로 고민하다가
미끄러운 사람이 되어
그 꿈을 잊어버린다

그리고 그 꿈이 어찌 되든
그자는 생각하고 말한다

아깝게 쓰던 내 시간을
큰 옴니버스의 법칙에 따르겠다

어머니의 기도

박목월

당신의
목에 거신
십자가 목걸이의 무게를

오늘은
제 영혼의 흰 목덜미에
느끼게 하옵소서

잠

박원혜

하느님의 등에 업혀 포근히
잠자고 있는 이 시간
나는
꿈을 꾼다 비로소
예쁜 꿈을

아름다운 멍에

심홍섭

세상에 비길 수 없는
사랑을 겸비한
복종이랍니다

세상 사람들은
지게 위에 있는 짐처럼
부담스럽게 느낄지 모르지만
자연스런 발로의 순종이랍니다

쓸데없는 세상의 멍에를 내려놓고
그분이 지신 십자가를
등에 지고 걸어보니

눈물이 앞을 가려
부끄러운 삶을
내려놓습니다.

비파 소리

양효원

위로 올려 드리는 기도
내 안의 토양이 가꾸는 웃음소리,
영혼에서 튕겨 나오는 비파 소리
님과의 애틋한 사귐이며
바람이며 안개, 이슬이며 불꽃
노래가 되고 춤사위가 되어
오늘도 덩실덩실 춤추게 하네

맑은 눈물의 기도

엄창섭

강물 위로 월광은 파장波長을 긋고
풀어헤친 바람의 긴 머릿결이다.
화살처럼 살 저미는 증오와 불신에
침상의 네모난 창에서 반사하는 고뇌,
깊은 적막에도 잠 못 드는 불감증이다.
저토록 하늘의 경이로운 별빛은 빛나고
눈물로 말끔 정화된 투명한 영혼,
짐짓 태백太白의 낮은 산자락 가득
희어 수줍은 눈꽃[雪花] 지천이다.

작은 새의 깃털에 갈앉은 삶의 무게
아득한 기억의 정신 풍경 그 너머로
수줍은 신앙의 편린片鱗은 눈뜨고
성전의 십자가 못내 눈물로 응시하면,
그날 밧모 섬 요한의 '서로 사랑하라'라는
절절한 음성 아직도 강렬해 은총이다.
다함없는 여호와의 크고 온전한 사랑,
관절의 마디마디 저며오는 통증에
허물 벗고 거듭나는 삶 눈물겨워라.

AI목사에게

이문수

당신은 세계 모든 나라의 언어로
정확하게 말할 줄 아십니다
그러나 방언을 못 하시죠
당신은 천문학적인 도서에서
좋은 예화를 찾아내십니다
그러나 예화가 주는 재미와 느낌을 못 느끼시죠
당신은 문맹을 내쫓을 수 있습니다
그러나 귀신을 내쫓지 못하죠
당신은 예수를 잘 알지만
사람으로 세상에 태어나신
예수의 제자는 될 수 없습니다
당신은 실수가 없습니다
그러나 당신은 회개의 은총을 모릅니다
당신은 하늘나라를 가르치지만
거기에 함께 들어갈 수는 없습니다
우리가 하늘로 휴거 할 때
당신을 두고 가야 합니다
우리의 고향은 하늘이지만
당신의 고향은 AI연구소기술센터입니다
목사님, 그동안 수고하였습니다

썩고 지고 죽고 지고

이행자

옥합을 깨뜨린 마리아처럼
나의 긴 머리 풀어
당신의 발을 씻는
꿈을 꾸지만

가련한 나의 신부야

손 내미신 당신은
영원한 나의 친구

썩기 위해 죽었더니
성령 충만 은사의 옷을 입혀
통곡하며 춤을 추네

이 썩을 것이
썩지 아니함을 입다니
웬일인가요

땅에 쓴 글씨

임인수

괴로움과 슬픔이
다하는 그 날
나는 백지白紙로
돌아가리라

이렇게 외로이
무심無心은 불타올라
임의 품에 안기는 버릇

모습은 말씀이 되고
글자가 되고

주主여 어디로 가시나이까

최규창

주여 어디로 가시나이까
이 들뜬 세월 어디로 가고 있나이까
저희들 어디로 가고 있나이까
산 너머에는 음산한 바람
바람과바람과바람과바람과
주여 어디로 가시나이까
우리를 놓아두고 어디로 가시나이까

놋뱀
— 광야에서 외치는 사람

정승화

사람의 고향인가 저 광야는, 오지 않는 사람을 찾아오는가 자궁에 피었던 한 송이 꽃이 무덤에서 불꽃으로 피어오른다 비밀의 알을 깨고 나와 부활을 부르짖는다 빛은 있으나 창문은 없는 늙은 게르에서 꽃이 만발한 광야를 꿈꾸지만 그곳은 검은 옷을 입고 돌아다니는 곳

슬리퍼를 끌며 스스로 걸어가는 산 자와 죽은 자의 경계에서나 아몬드 꽃은 피어나고 시나이 사막에서 다시 뱀의 혓바닥을 만났다 금식은 통하지 않았다 맨발의 걸음에서 흘러나온 촛불들이의 유혹, 빛에서 번진 그림자에게 축복을 내리는 긴 수염의 사람은 불온한 눈빛으로 싸움을 부추긴다 자라는 것은 무엇인가 의심과 믿음은 어디까지 왔는가 어디에 더 가까운가 짐승에 가까울수록 다른 세상을 향해 울부짖을 때 창백한 시름은 부서지지 않고 일어선다

동굴에 묻힌 이름은 누구인가 돌무덤 위에 선 놋뱀은 하늘을 향했는가 아래를 향했는가 잠들지 못하는 육신을 떠난 영혼에게 해방의 불꽃을 전한다 홀로 떠나야 하는 길, 무덤을 열고 나온 거룩한 사내에게 부끄러운 무릎을 꿇는다 사람을 지우고 여자도 아니고 남자는 더욱 아닌 붉은

꽃이 피어난다 촛불을 켜고 애도하는 시간이 지나자 염증처럼 번진 흉측한 얼룩이 은둔자처럼 숨는다

 허락했는가 죄의 시작을 떠나 치유의 땅, 보이지 않아도 나무가 자라는 곳, 끊임없이 쏟아지는 축복의 땅에서 갈증과 작별하고 박물관에 전시된 유물처럼 죄는 먼 과거에 있다 다른 이름이 어린아이로 돌아가고 그동안 굶주렸던 선함이 피어난다 끝이라고 선언할 때까지 아직 끝은 아니다 구속된 죄, 추방된 십자가는 자유롭고 고요한 무덤에서 빛이 되었다 데시벨 높은 승리가 뜨겁다 선함에는 고독이 필요하고 기도의 끝에는 상냥한 입맞춤이 있다 조용히 잠에 든 새 줄이 끊어진 춤, 은밀한 죄들은 탈출구를 통해 가장 오래된 어둠을 벗고 빛으로 돌아갔다

땅 위에 쓴 글씨*·2

조정태

그는 조용히 눈을 내리뜨고
아무의 시선도 거슬리지 않았다
다그치던 이들도 그의 손가락이 땅 위에 글씨를
쓸 때
그 마음속에 일어나는 잠잠한 파문을
거스를 수 없었다
나이 든 이로부터 젊은이까지
하나둘 떠나가기 시작했다

그 손가락은 수면 위를 운행하는 영과 같이
어둠 위에 파문을 짓게 하였으므로
사람들은 떠밀려 떠나갔다
아무도 한 마디 소리 낼 수 없었고
하나님의 침묵이 그들을 가만히 흔들었다
침묵 속에 움직이던 손가락이 멈추고
그가 다시 일어섰을 때
아무도 남아있지 않았다

"그들이 어디 있느냐?"
"주여 없나이다."

나도 너를 보내노니
다시는 어둠으로 나아가지 말아라
그 긴 하나님의 시간이
오직 그녀를 위해 기다리다가
값없이 모든 어둠을 거두게 하였다.

* 요한복음 8장 2-11절

시를 쓰는 이유

피기춘

지은 죄 용서받고 또
게으른 죄 용서받기 위해
속죄의 시 쓰고
회개의 시를 쓴다

이웃을 아프게 한 죄
온갖 언행으로 상처를 준 죄
지금은 무릎 꿇고
절박한 회개의 눈물 흘리며
참회의 시를 쓴다

세상을 사랑하고
허망한 욕정을 쫓았던 죄
더럽고 추한 죄
끝내 허무한 자아自我 발견하고
생명수 흐르는 시냇가에 핀 꽃처럼
고운 시 한 편을 쓴다.

다시 주님 앞으로

황희종

4, 50년 전에 하던
차량 전도가
다시 이뤄지고 있다

얼마 전에
서울 강변북로를 지나는데
어디선가 좋은 목소리로
그때 그 말씀처럼

예수 천당!
예수 구원!
회개하고 구원받으라
은혜의 찬양이 울려 퍼진다

전도가 점점 사라지는
이때
믿는 자에게 경각심을 준다

마르지 않는 생명 샘
– 고촌중앙교회 창립 60주년을 기념하며

홍계숙

긴 세월, 이곳에 있었네
출애굽 하여 가나안 길 향하던
목마른 이들이 찾고 찾았던 생명 샘
여기에 있었네

시작은 광야의 작은 웅덩이
바위틈 사이로 졸졸 흘러내렸지만
이젠 생명수 물결치는 큰 강이 되어
너른 땅, 열방의 대지를 적시네

지팡이 든 목자 이 샘을 지킬 때
그 곁에서 기도하는 일꾼들이 있었네
하늘의 천사도 보호했지만
60년 세월, 더러는 가나안 안식을 얻었기에
오늘 이 샘에서 새로운 일꾼들을 세우시니
영광이어라, 무한 영광이어라
축복된 소명이어라

샘을 지키는 목자
그 샘물 마시는 영혼들

기뻐 찬양하며 기도로 감사하는
이곳은,
장차 우리가 돌아갈 에덴의 상징이니

오! 주여
영원히 흘러 목마른 이들이 찾게 하소서
오! 귀한 샘
진리의 물맛 변하지 않고, 마르지 않아
주님 오시는 그 날
온 땅 구석구석 스며들어
소생케 하소서

말[言]아 말[馬]아

하나은

그대가 사람을 친다
때론 발이 되어 짓밟기도 하고
그대 혀끝에 매달린 면도날, 날 세워
피를 보네 피를 보고 잠이 드네

아, 그대 말[言]에 말[馬]이 달린다
갈기 푸른 말
馬이 言을 싣고 무섭게 달려온다
(놀라운 가·속·도)
말[言] 고삐를 쥐고 있는 그대
말[馬] 채찍을 쥐고 있는 그대

히힝! 히힝! 히히힝!
밟아! 밟아! 밟아!
사람이 그대를 친다
그대가 그대를 친다 히힝! 히힝! 히히힝!

동강 나는 콘·트·라·베·이·스

제3부

보리고개

아린 아리랑

김부식

아리랑에 묻힌 가슴
올올이 물고
빈 들에 삭풍 업고
아리랑
아린 아리랑

한의 자락 질곡마다
중모리 가락을 몰아
실타래를 풀어 갈
아리랑
아린 아리랑

얼쑤 신명은 바닥을 치고
마른 둥지 바람에 떠니
이 땅을 낚는 음풍 하늘을 날아
아리랑
아린 아리랑

어머니의 묘비명

김기동

젊은 날엔 세상살이에 치여
어머니 묘비명을 쓰지 못하고
가슴 한켠에 묻어두었다.

잎 무성히 자라난 무덤 등
가을이 깊었다.
차가운 작은 비석에
내 뜨거운 손 가만히 대어본다.

내 여태 비밀히 간직해 온
공동 기억의 창고에선
어머니 유언의 편린들이
펄펄 꽃잎으로 떨어져 내린다.

실핏줄을 타고 흐르던
선홍의 눈물 조각들
음지를 감아 오르는 덩굴 식물이 되고.

호젓한 산속에 홀로 앉아
묘비명을 쓴다.

어머니의 마지막 한마디
'예수 의지하고 살거라'

어머니는 아직도 내게
오일장에서 김 술술 오르는
국밥 한 그릇 말아 주시던
유년의 시장기 위에 숨 쉰다.

어머니의 묘비에
아버지의 하모니카 선율 한 올 한 올 새겨드리던
코스모스 하냥 슬펐던 오후……
가을꽃 가녀린 꽃대 위론
재 너머 불어온 솔바람이
청아하게 흔들리고 있다.

깊은 산중의
뜨거운 눈물 한 방울
가슴 저 깊은 곳으로 스민다.

소금 항아리

김국애

팔팔한 것을 푹 가라앉히려고
자신이 녹아내리는 희생
백 년이 지나도 짠맛 그대로
본질이 변치 않는 소금
신선한 소금 항아리에
뽀~얀 리본을 매어주었다
강산이 두 번 지나기까지
찹쌀처럼 고슬고슬하다
소금이 맛을 잃으면
무엇으로 짜게 하리오

소금의 본질은 짠맛이다
하얀 알갱이로 도드라진 형질,
항아리에 곱게 담겨 있다
장독대는 집안 곳간이며
장맛이 집안 연륜이고 인격이라던
소금 항아리 쓰다듬으신 어머니
금덩어리 없이는 살 수 있어도
소금 없이는 살 수 없다던 어머니
차라리 녹아 물이 될지라도

변하지 않는 짠맛 그 굳은 절개
닮고 싶다 돈독한 정절
나도 소금 항아리를 쓰다듬는다

엎어지기

김한나

장밋빛 두 볼에
아랫니 두 개
하루에도
열두 번씩
내 딸아이는
엎어지는 연습을 하지

딸아이 잠든 방
수만의 장미가
피고 또 지고
작은 별이 베개 밑에 잠들고

배꽃잎에
꿀벌이 잉대는 아침
또 엎어지고

나도 세상 바로 살고 싶어
엎어지는 연습을 하지

귀향

박종권

언젠가 나도
차례가 되면
먼 길 떠나야 하리
꽃 피는 봄이든
낙엽 지는 가을이든
긴 비 쓸쓸히 나리는 어느 날이든
당신이
"이제 그만 오라" 부르시면
내가 노래하던
사랑과 이별의 악보
치열히 살아가며 쏟던
꽃 같은 눈물
별과 구름과 바람 곁에 다 두고
새벽별 지기도 전
어머니 떠난 것처럼
나도
먼 길을 떠나야 하리

언덕을 넘어

배상호

산꿩의 울음소리 들려온다
침잠했던 겨울은 물러가고
삶의 행간行間마다 꽃 소식이 들려온다
언제 보아도 귀여운 개나리와 산수유
순정純情으로 치장을 한 목련화
날마다 열정熱情으로 다가오는 동백꽃이
한껏 멋을 부리며 피어오른다
움츠렸던 가지마다 새순이 돋아나고
개울물 소리 버들강아지와 함께
눈부신 이름으로 어리광을 부리며 흘러내린다
겨우내 찌들었던 모진 역병疫病의 바람도
산꿩이 우는 봄날엔 잠잠하리라!
우리 모두 무거운 짐들을 내려놓고
일상日常의 자유와 활기찬 내일을 위해
즐겁고 행복한 노래를 소리 높여 불러보자
지치고 힘들었던 언덕을 넘어
꽃 피고 새 우는 희망의 나라로
정다운 손 잡고 마음껏 걸어가 보자

북한에 바로왕

신호현

저 어두운 사막의 땅
하나님 믿는 지하 크리스쳔
백두혈통 유일한 주체사상
위협하는 백성 핍박하라

노동력 착취하라
먹을 것을 빼앗아라
거짓 그리스도 바로에게
젊은 그들 총알탄 되게 하라

내 이름으로 먹게 하고
내 이름으로 살게 하라
참 그리스도 알면 가두고
굶겨 목숨까지 빼앗아라

살아계신 하나님
부정하고 없다 하라
나는 애굽의 바로 왕
내가 하나님이라 하라

벽壁

엄원용

벽은 살아 있다.
서러운 벽이 말을 한다.

아버지가 평생 기대어 살던 벽
기대어 한숨과 눈물을 몰래 흘리던 벽
지워지지 않는 누추한 수많은 상처들이
벽 여기저기에 흔적들로 남겨져 있다.
등에서 묻어 나온
땀 냄새, 찌든 냄새, 상처의 냄새

'아버지 어머니 사랑해요'
철부지 아이들의 서툰 글씨로 쓴 낙서
그 위에 아버지의
눈물과 웃음과 사랑이 덧칠해져 있다.

벽은 살아 있다.
서러운 모습으로 살아 있다.
이제는 전설이 되어버린 아버지
나는 지금 그 벽을 마주 보고
아버지의 서러운 이야기를 듣고 있다.

서러운 이야기를 더듬고 있다.
아버지가 괜찮다고 웃으신다.

버려진 교자상

유혜목

교자상 하나가 옆집 문밖에 버려져있다
다리 접힌 자주 빛 잔치 상을 바라보며
많은 생각들이 그 상 위로 올라간다

교자상을 채웠던 색색의 음식들
그 음식을 집어가던 눈과 손들
분홍 웃음 띠우며 나누던 대화들
지금쯤 어딘가에 봇물 돼 있겠지

버려진 이웃집 교자상을 바라보면서
오랜 단절로 인해 움츠러든 만남의 꽃
그 꽃들의 향기가 애틋하니 그리웁다

시골 편지

윤갑철

전철을 타고
하루를 시작하는
서울 친구에게
민들레 꽃씨를 보낸다

'아파트'에서 살고
'아스팔트' 위만 걷는
서울 친구에게
뻐꾸기 노래를 띄운다

흙냄새 잊지 말라고
싱그러운 풀 내음으로
또 박 또 박
쓴 편지……

오늘도
느티나무 그늘에서
서울 친구에게
시원한 시골을 보낸다

고란초

						윤병춘

파란 강마을이 아니면
진달래가 피는 산마을에서
햇빛보다 차라리 달빛 속에서
잎새를 돋우어 꽃을 피우는 고란초
건드리지 않아도 뚝 끊어질 듯한 몸매

실핏줄 한 가닥 가녀린 생명
한 송이 꽃을 피우기 위해
눈물겹도록 어기찬 의지로
북녘과 남녘에서 징역보다 더한 세월
피멍 든 가슴 녹아내리는 이산가족들

잊혀가는 한 핏줄 이어가려는 듯
이 나라 이 민족의 염원이려니
아픔을 숨기고 통곡을 삼키며
산 설고 물 설은 북녘 어느 동천 아래
지금도 두 눈 흡뜨고 잠 못 이루실 어머니

별이 지도록 문 열어 놓고
피를 토하며 미친 듯이 미친 듯이

아직도 덜 지워진 이름 목매어 부르는
어머니의 그 목소리 그 얼굴 고란초
당신의 미운 운명이듯 불귀의 넋

아버지

이석규

흰머리와 이마에 잔주름을 보상해 주는 데가 없다 아버지는
그 고난과 고독을 감출 공간도 없다 버릴 공간도 없다 그래도
어떻게 발을 놀리나? 손을 놀리나?
가장家長이므로 아버지는
아무리 어깨가 무거워도 어디 하소연할 데가 없음
그러므로 아버지의 시간은 늘 땅속 꽃씨이다
또는 섬을 코앞에 둔 쪽배이다
그렇게 험하고 그렇게 성실한 공간에
어린 꽃이 자란다 그 꽃 피우기 위해 얼마나
동분서주했던가 혹여 병들까 봐 얼마나
노심초사 주야로 살폈던가 남에게 뒤지지 않게
키우기 위해 얼마나 피땀을 흘렸던가
그러므로 아버지의 과거와 현재는 오직 드러냄에 있다
안을
밖으로
끄집어내는 데 있다 (물론 이 글을 읽는 그대의 생生도)
아시겠는가 (아버지는 헌신獻身이다. 자애慈愛이다)
그러므로 우리는 아버지의 등뼈에 붙어 있다

우리는 이제 아버지의 수고를 들어내 세워야 한다
우리는 아버지의 발자취를 지나 그다음에 있다

까치 소리

이성교

아침 햇살이
온 누리에
쫙 퍼질 때
까치 소리가 요란하다

반가운 소식이
무더기로 올 모양이지

몇 굽이를 넘은
깊은 마음속에
또다시 명절이 오고 있다

조금도 염려하지 말자
구하는 것마다
다 주실 것이다

밤새 얼었던 마음이
다 녹아지고
또다시 맑은 빛이 스며든다

달고 오묘한 말씀이
가슴에 부딪칠 때마다
또다시 밖에서는
까치 소리가 들린다

장미 옆에서

이해경

담장 위에
다소곳이 피어 있는
장미의 꽃 속에서
어머니의 모습을 보았다

어머니의 손길은
별들이 잠든
이른 새벽을 깨우며
따스한 아침을 준비하셨다

어머니의 발걸음은
어둠의 골목길을 헤치고
땀으로 흠뻑 젖은
하루의 길을 걸어오셨다

그 시절은
앞만을 바라보며
쉼 없이 달려가시는
어머니의 마음을 알지 못했다

오늘은
꽃잎이 떨어지는
담장 밑에서
어머니의 시간을 배우고 있다

한 서린 낙동강

이실태

해마다 이맘때쯤엔
선산 산토배기 산길 넘던
옛일이 생각난다

샛별이 지기도 전
새벽밥을 먹는 둥 마는 둥
겁에 잔뜩 질려 피난 보따리
이고 지고 둘러메고
낙동강 건너려고 낯선 길로
꾸역꾸역 모여들었던 역사의
뒤안길

어머니의 유산

                    이해수

어머니 주름은
늘어진 내 마음에
회초리가 되었다

어머니 눈물은
메마른 내 가슴에
마중물이 되었다

어머니 웃음은
고단한 내 삶에
꽃이 되었다

어머니 기도는
방황하는 내 삶에
등불이 되었다

발효는 나의 힘

한해경

무 썰어 담근 동치미
고추, 실파 송송 부글부글 익어간다

항아리 속에서
눈 감고 벙어리 귀머거리 된 신세
나를 죽이고 섞여야 산다니,
고추보다 맵다던 시집살이 다름 아니다

된장, 고추장, 김치, 새우젓, 황석어젓······
그 많은 발효식품들

너나없이 우리도
항아리 하나씩 가슴에 묻고
할머니, 어머니에게서 전승된 비법
견디어 참고 살아낸
전통 발효 인생들 아닌가

고난의 연습생 시절 딛고
어둠 속 요동치면서 숙성된 힘
음식, 스포츠, 영화, 대중가요, 클래식······

온 세상을 아우르는 저력이 되었음이다

가족들 둘러앉은 식탁
동치미 살얼음에 국수 말아 한입
낯익은 명대사 한 수 들어앉힌다
그래, 바로 이 맛이야!

겨울밤 전라도

허소라

친구여, 참으로 우린 오랜 세월 버림받아 왔도다
꽃다발 주고받는 계절에도
우리는 손톱 자를 사이 없이
밤새도록 개땅쇠 되어 홍경래 되어 달려보건만
날이 새는 그 지점은
언제나 전라도 땅 한 모서리였다
헐렁해진 우리 몸에
바람의 뼈 추스르며
경루 벌판 달려보건만
빈 가슴 붙은 불 끌 길 없어
지난 계절 지저귀던 새들의 꿈
더불어 떠나고
서울 말씨 흉내 내기 어렵더라
그 어디 말씨 흉내 내기 더더욱 어렵더라
지난 폭설에 갇혀 있을 때도
우린 우리를 고립이라 하지 않았다
바뀐 세상 또다시 떠돌이의 넋
위도 앞바다를 맴돌다
어느 벌판 어느 계곡 처박힌 채
— 서해안시대西海岸時代!

이 한마디를 오천 번도 더 외워볼까나
서해 훼리호 갈앉은 자리, 행여 석유가 나올라
그러나 친구여 그게 아니지
무너진 성터 봄이 오는 길목
떠난 새가 되돌아와
갇힌 자를 울어줄 때
우리가 손잡아줄 때
우리가 사랑일 때
춥고 어두운 겨울밤, 비틀비틀 밝아오겠지

보리고개

　　　　　　　　　　황금찬

보리고개 밑에서
아이가 울고 있다
아이가 흘리는 눈물 속에
할머니가 울고 있는 것이 보인다
할아버지가 울고 있다
아버지의 눈물, 외할머니의 흐느낌
어머니가 울고 있다
내가 울고 있다
소년은 죽은 동생의 마지막
눈물을 생각한다

에베레스트는 아시아의 산이다
몽블랑은 유럽,
와스카라는 아메리카의 것,
아프리카엔 킬리만자로가 있다
이 산들은 거리가 멀다
우리는 누구도 뼈를 묻지 않았다
그런데 코레어의 보리고개는 높다
한없이 높아서 많은 사람이 울며 갔다
— 굶으며 갔다

얼마나한 사람은 죽어서 못 넘었다
코리어의 보리고개,
안 넘을 수 없는 운명의 해발 구천 미터

소년은 풀밭에 누웠다
하늘은 한 알의 보리알,
지금 내 앞에 아무것도 보이는 것이 없다

한과

조창희

소스라쳐 맛깔난
애틋한 심사는
한 움큼 떼어
벽장 속
조청 단지에
재워 둔다

때가 되면
한과의 몸부림이
벽장문을 타고
방 안 가득 흘러내려
학교 가는 길에
벗이 되어 끈적거린다

빠알간 마음

황대성

희미해져 가는 추억의
뒷모습을 바라보는
가슴 한구석에
또렷하게 흔적이 남은
고향을 찾으러 가자!

잊고 지내던 친구의
이름 부르면
오래도록 덮어 두었던
사진첩에서 봉숭아꽃
한 송이 피어나

손톱 위에
소복소복 쌓이는
빠알간 마음

까치밥

황송문

우리 죽어 살아요.
떨어지진 말고 죽은 듯이 살아요.
꽃샘바람에도 떨어지지 않는 꽃잎처럼
어지러운 세상에서 떨어지지 말아요.

우리 곱게 곱게 익기로 해요.
여름날의 모진 비바람을 견디어 내고
금싸라기 가을볕에 단맛이 스미는
그런 성숙의 연륜대로 익기로 해요.

우리 죽은 듯이 죽어 살아요.
메주가 썩어서 장맛이 들고
떫은 감도 서리 맞은 뒤에 맛 들 듯이
우리 고난받은 뒤에 단맛을 익혀요.
정겹고 꽃답게 인생을 익혀요.

목이 시린 하늘 드높이
홍시로 익어 지내다가
새 소식 가지고 오시는 까치에게
쭈구렁 바가지로 쪼아 먹히우고

이듬해 새봄에 속잎이 필 때
흙 속에 묻혔다가 싹이 나는 섭리
그렇게 물 흐르듯 순애殉愛하며 살아요.

마지막을 기다리는 심정

이상조

내 속에 있는 내가 몸부림친다
시간은 없는데 한순간이라도 상급을 쌓아야 한다고
다섯 개가 다섯 개를 남기고, 두 개가 또 두 개를 남겨야 하는데
아직도 조금 부족한 것이 있어 몸부림친다

내 속에서는 몸부림치는데
하늘은 높고 바람은 솔솔 불고
아침에 떴던 해는 점심때가 지나도 벌렁 누워 있고, 저녁때가 되려면 꼬부랑이 할머니가 산을 몇 개 넘어야 할 것 같이 천천히 기어간다

언제 시간이 멈출지 모르는 이 순간이 아쉬울 뿐이다
목적지는 눈앞에 보이는데

제4부
10월의 연가

더블베이스 앙상블
– 바시오나 아모로사

김명아

더블베이스가 비행을 시작한다
기댄 듯 붙잡은 듯 흔들거린다
가장 낮은 곳으로 춤추듯 호흡하며
수직의 현을 탔다 거장의 팔은
악기를 안고 도약하듯 해와 달을 넘나들며
천천히 변주된 선율을 연주했다
짧고 굵은 활이 현을 그었다 떼었을까
울림통은 바흐의 하프시코드 협주곡을
들려주었고 벌판에 중후한 몸통으로
키다리 신사는 섬세한 귀를 열었다
피치카토 주법으로 코끼리를 데려오거나
묵직한 저음의 발자국이 현 위에서
동굴 속으로 사라지기도 했다
마지막 악장이 끝날 때까지
관객과 호흡하며 치닫던 더블베이스는
박수를 녹여냈을까 휘파람을 반죽한
달의 눈물은 건기의 물웅덩이를 채우고
저물녘의 징검다리를 건너며
장거리전화를 붙들고 푸른 문으로 사라졌다

10월의 연가

김순권

바람 한 점 일고 간 자리
물망초의 사연을
외우게 하는 10월.

나를 잊지 마세요.

가슴 도려내듯
아파했던 그때
그 이별
오늘 그 자리에서
마알갛게 높아만 가는
저 하늘을 봅니다.

나의 눈을 빼앗는
고추잠자리
하늘하늘 그의 좌표를 잃고
햇살을 업고 가며 파르르 떨며
제자리에 맴도는
망설임 없이 좌표 잃은
나의 모습은 떨리고 있습니다.

옹졸한 속마음
비겁한 자존심
우매한 말솜씨로
후회를 곱씹는 졸장부로
여기 연가를 지어 부릅니다.

오늘 이 10월에
가을을 부르며
코스모스 하늘을 고이고
홀로 부르는
10월의 연가입니다.

빈 어항

김보림

물고기 없이
물만 가득한
빈– 어항
부패한 죽은 물이다

믿음 충만해 보여도
행함 없으면
물만 채워진
빈 어항이다

그대에게 이르는 길

김순규

그대 가슴에 닿기 위하여
낮은 곳으로 내려간다

푸른 빗방울 어둠을 뚫고 내리는 동안
고적한 적막에 자신을 담근다
스스로 부서지고 비워낸 무게
아무도 모르게 한 방울 이슬이 된다

날아오르며 서로를 보듬는 사랑
그대 가슴에서 반짝일 맑은 숨결
밤새 하늘길 돌아
처음 돋는 저 아침 해

초록 잎새 끝에서
불타는 빛으로 만나는 사랑
한 알의 진주로 반짝인다

그리움 크면 산 되지

김홍섭

그리움 크면 산 되지 그리움 깊으면 바다 되지
기다림 오래면 저 큰 바위 되지
그 위에 내리는 작은 이슬, 소낙비 내리니

외로움 커지면 강물 되지
산정에 내린 작은 눈물 시내 되어 바다 이르지

오호 바람 오래면 저 별 되지
별 바다 되지 은하수 되지
내 슬픔 길게 이어져 쏟아져 내리는 폭포 되지

깊은 심연에 닿아 솟아올라 호수에서 다시 비로 내리지
내 기쁨 넓어지면 노을 되지
온 하늘 꽃으로 물들이지

내 사랑 순전한 바람 되지
그대 고운 눈에 어리어 예쁜 뺨에 머물다 머릿결 스쳐 떠나지
창공에 그대 노래 부르지 붉은 노을로 노래하지

봄날의 월담

김효경

여우 꼬리 흔들며
사랑하자 사랑하자 꼬드기는 봄날
머리에 꽃이라도 한 송이 꽂고
저 세상 밖으로 훨훨
월담하고 싶은데

부고장 속에 누운 친구가 자꾸 눈에 밟히고
꽃을 낳지 못한 살구나무의
해산도 거들어야 하고
빈 독에 웅크리고 앉아 있는
생활生活의 넋두리도 모른 체할 수 없고
잠수함보다 더 깊이 잠수 중인
아이의 성적표가
또, 발을 붙잡는다

저 발정 난 개의 목줄이라도
대신 풀어주어야겠다

당기는 것

배정규

당기는 것
지구와 달의 관계뿐이랴
해변가의 마을 두런거림이
바다를 당기고
두 줄 철로가 가차를 당기지
또한
사람과 사람의 당김은 가공할 만한 힘이 있지
평생 후회할 일도 행복할 일도

새소리가 당기는 힘 이도 버겁지
나무를 흔들고 산야를 아름다움으로 수놓지
그리움의 당기기는 사랑과 슬픔으로 이어지지
그리움이란 사랑에 기초하는 것
당기는 것의 결정체

행복과 불행의 차이
어느 것을 당기느냐의 차이

종려棕櫚

석용원

사철 푸른 너를 심었노라

애타게 그리움이 스미어 쌓여
향방을 잃은 내 가슴 뜰에

노오란 네 꽃을 어여삐 피워
연상 기다리노라, 임만 기다리노라

머언 훗날도 아닌 어느 날-
굽이치는 왕의 대열이
홀연히 뜰을 메워 내 앞에 흐를 적에

잎을 깔고, 비단처럼 너를 깔고
가지를 들어, 횃불처럼 너를 들어
호산나, 호산나!
목쉬게 터지게 외칠 날 네게 있어

아아, 종려
사철 푸른 너를 심었노라

우리 사랑 지금은

안혜초

우리 사랑 지금은
잠들어 가도
조금씩 알게 모르게
잠들어 가도
그대와 나
어느 한쪽이라도
깨어 있으면
오뉴월의 싱그러운 햇바람으로
깨어 있으면
우리 사랑 이대로
스러지지 않아요
그대 사랑 나 먼저
하품을 하면
내 사랑이 자꾸
자꾸 흔들어 주고
내 사랑이 그대 먼저
눈을 비비면
그대 사랑 자꾸
자꾸 흔들어 줘서
아, 은혜로운

우리 주님 품 안에서
아, 은혜로운
우리 주님 품 안에서

사랑의 빛

양규창

어둠을 밝히는 것이
어디 저 먼 창공의
별빛뿐이랴

부푼 새날을 위해
이 밤 가득 흩뿌릴
향기로움과 진실

이 밤을 사랑의 향기로
가득 채우고 싶어
어둠과 무거움을
가만가만 걷어내리라

그대 기다려 끓어오르는
뜨거움 감출 수 없어

서로에게 다정한 안부로
이 밤, 사랑의 빛을 밝힐 일이다.

나이테

오인숙

그늘과 양지를 번갈아 넘나들면서
마음이 동심원을 그리네
햇살 그리운 날은 그리워서
보고 싶은 얼굴을 눈가 짓무르게 그려보네

모든 고난은 동굴이 아니고 터널
아픔과 고통의 끝에 하늘이 열리네
봄과 여름의 계절을 지나
가을과 겨울로 이어지는 세월의 문고리

더우면 더운 대로 추우면 추운 대로
움츠린 마음을 추스르면
부드러운 무늬와 결이 생기면서
파도 자국 같은 삶의 흔적이 남았네

누군가 살 만한 세상이었느냐고 물으면
내 속에 푸르른 녹음도 눈 내린 겨울 들판도
맨살 맞대고 지냈으니 지낼 만했다고
날마다의 삶이 기적이었노라 말하리라

너를 만나러 가는 길

용혜원

나의 삶에서
너를 만남이 행복하다

내 가슴에 새겨진
너의 흔적들은
이 세상에서 내가 가질 수 있는
가장 아름다운 것이다

나의 길은 언제나
너를 만나러 가는 길이다

그리움으로 수놓은 길
이 길은 내 마지막 숨을 몰아쉴 때도
내가 사랑해야 할 길이다

이 지상에서
내가 만난 가장 행복한 길
늘 가고 싶은 길은
너를 만나러 가는 길이다

낙엽의 노래

이선님

아름답고 고왔던
너의 모습이 어느새 변해버렸구나
많은 시간과 공간 속에서 아무것도 한 것 없이
바람처럼 흘러가 버렸구나
때로는 세찬 바람이
내 영혼을 스칠 때 쓰라렸던 시간들
어느새 기억 속에서 지워지고 아쉬움만 남았구나
이제는 예정된 시간에 어디론가 떠나야 할
그날이 우리를 부르는구나
우리의 가슴속에 남아있는 사연들을
단풍잎에 곱게 담아 한 잎 두 잎
내 곁을 떠나보낼 때
내 마음도 철렁 무너져 내리는구나
우리의 헤어짐이 지금은
겨울이 지나 따뜻한 봄을 기다리기에
내 영혼은 위로를 받는구나
지금은 그 소망의 빛이 가냘프게 보이지만
몇 날 안 되어 샛별처럼 보이리라

약속

이 탄

너는 나의 숲이 되고
나는 너의 숲이 되자

숲에는 지금 의지意志가 내리고
숲에는 지금 「한 말씀」이 내리고
숲에는 지금 우리의 모든 것이 내리고 있다

나는 너의 숲이 되고
너는 나의 숲이 되자

나무 밑에서

이희복

이파리를 떨구고 나면
떨군 만큼 보이는 하늘이 있다

빈 나뭇가지 틈새를 채우는
솔향기에 가슴 벅차오르고

마음과 마음을 이어주는
길을 걸어 내려오면
햇살 한 자락 뒤를 따라온다

이 계절
너는
어느 하늘 아래 있니
만날 수는 없어도
힘내라

가슴 미어지게 만드는
아름다운 세상은
여전히
숨 쉬는 중이란다

소망

장수철

가식假飾이 아닌 마음으로
오랜만에 평온한 마음으로
옥상屋上의 하얀 눈을 밟는다

너무나 많았던
미움의 얼굴들에게

지금의 미소를 던질 수 있는
이 아침의 공기로
믿음이 새로워지는
이 순간이 황홀하다

사랑의 깊은 의미와
행복의 복된 가치가
이렇듯 눈부시게 와닿는
옥상에서

봄을 기다리는
반가운 소식이 이미 와 있는

저 산봉(山峰)의 숨결이
이렇게 고맙게 들린다

사랑으로

임승천

그대는 떠나고
나는 남았네

안개 짙던 숲에는
그대의 눈빛

함께 걷던 길에는
언제나 언제나
하얗고 고운 나의 물무늬

한 번의 만남이
영원한 만남이 아니듯
미워하지 말고 서로 사랑함으로

다시 온 이 자리
보이는 저 불빛

그대는 떠나고 나는 남았네

사월의 신부

최영순

사월의 꽃길은
봄의 신부를 맞기 위해
환한 벚꽃 터널을 만들었다

안개비는 신부의 수줍음을 감싸주었고
소쩍새는 산골짜기에서 축하곡을 불러주었다

한껏 분장한 사월의 신부가 들어서자
기다렸다는 듯이 하얀 벚꽃 잎이
꽃비가 되어 신부에게 쏟아졌다
하르르 하르르
신부의 머리에 면사포를 씌우며……

사월의 신부여!
꽃의 아름다움만큼이나
그대의 인생도
주님의 은혜와 사랑으로
아름답게 수 놓이기를……

느낌

최창일

이끼 낀 산사를 걸으며
돌과 구름과 물과 안개와 복사꽃을 만나며
그 물방울 안의 중심을 걸어보게 됩니다

사랑이 사랑으로 어울리는 시간은
신선한 물에 헹구어 낸
어제의 나를 깨끗이 씻어낸 한구석이 걸어가는 느낌입니다

느낌의 청량은 잔주름이 펴지는 부활과도 같습니다
어제의 나는 씻겨 내려가고 더 깊이 파고든 게
쌓여만 가는 느낌이라면 지워지지 않는 흔적입니다

여백론 餘白論

하옥이

닿고 싶은 빛이 있다
빛이 있으므로
그림자를 끌고 오늘을 걷는다
치는 건반 위의 손끝에서 음악이 날아오르고
사색의 무한 창공에 새떼 날아오른다
산 홀로보다는 강이나 바다가 함께 있어야 한다
나무 홀로보다는 새와 구름이나 낮달이 함께 있어야 한다
어우러진다는 것은
한 풍경으로 들어가 하나의 그림으로 탄생하는 것
화가가 골똘히 생각하며 전심전력으로 그림을 그려도
그림을 받쳐주는 것은 결국 화가도 모르는
그림이 아니라 측량할 길이 없는 여백
남김만큼 하늘이 넓다
여백이 없는 그림은
화가의 칡넝쿨 같은 욕심일 뿐
그대의 여백에 달려가는 무한한 마음이
여기 있다

기억의 꽃밭

한준택

잊혀진 길 위에 서 있는 당신
잃어버린 시간 속을 걷는 당신
머릿속의 기억들이 먼지처럼 흩어져도
나는 당신을 잊지 않아요
당신의 손길에 담긴 따스함을
미소 속에 숨겨진 이야기들을
나는 하나하나 기억해요
당신이 기억하지 못해도
오늘도 곁에 앉아
지나간 나날의 꽃들을 꺼내어 보아요
그 꽃잎마다 스민 당신의 향기
이제는 바람 속에 흐르지만
내 마음속에는 여전히 피어나요
사랑은 기억을 초월하는 것
당신의 잃어버린 순간들을
내가 대신 기억하며
기억의 꽃밭을
오늘도 당신과 함께 걸어요

제5부
그리운 메아리

새의 말

김년균

새의 말은 시詩다.
새는 저 홀로 나뭇가지에 앉아
짹짹짹 째르르, 째르르 짹짹, 하고
저만의 은어隱語로 시를 쓴다.

이승 밖을 엿보던 늙은 시인이
용케도 그 말을 알아듣고
머리에 옮겨 적는다.

세상은 아름다워라!
눈만 뜨면 즐거워라!

새의 말은 간결하고 진실한 시다.
시는 다시 즐거운 노래가 되어
저 높은 산의 몸통을 흔들고
저 많은 나무들의 가슴을 울린다.

시인은 어느덧 새가 부럽고
걱정밖에 모르는 자신이 부끄러워서
마음이 온통 빨갛게 탄다.

겨울 오는 소리 · 1

김신철

파아란 하늘
맑은 하늘
하늘 드높아

양지쪽 국화 향기
가득한데

예쁜 옷 자랑했던
나뭇잎들은
찬 서리 맞고 나면
고운 색깔 변하면서
시들어져요

회오리바람 안고
갑자기 먼지 낀
뿌우연 하늘

싸늘한 바람 속에
노랗게 물든 은행잎들
우수수 떨어지는

겨울 오는 소리
귓속에 소곤소곤
겨울 오는 소리

꽃병

김예성

아기의 미소는
맑은 꽃송이
꽃을 안은
나의 가슴은
평생 꽃병이다

비를 맞으며

김형주

비가 온다.

아무도 없는 나에게
비가 온다.

괜히 서글퍼서
눈물이 난다.

비를 흠뻑 맞으며
이런 생각, 저런 생각으로
머리를 휘감는 데
소리 없는 비 속으로
나를 잊고서 들어가
나는 내가 되어 비가 된다.

비가 그쳤다.
울고 있는 나는
울음도 멈추었다.

비를 맞으며
나는 내가 되었다.

순천만 갈대숲

노유섭

거대한 군중이다
바람 따라 소리쳐 그대를 부르지만
포효 소리는 들리지 않는다
서로가 서로에게 상처 입히지 않고
어깨 기대고 다만 푸르디푸른 매스게임으로,
은빛, 잿빛, 금빛 매스게임으로 나아가는 숲,
그 춤사위 한가운데 내가 있어
내가 서 있는 자리, 그 자리에서
그 자리를 맑게 하고
발아래 짱뚱어를, 온갖 게를 키운다
저어새, 혹부리오리, 흑두루미, 바위틈의 수달까지
산천의 노랫소리 들려주는 크나큰 품,
우주의 그늘이 여기 있다
죽어서도 세상을 쓰는 갈목비,
그 세상의 한가운데 서 있는
나 갈대를, 우리 갈대숲을 보라

산과 하늘

류재하

산은 하늘을
좋아한다
맑고 푸르고 시원함을

하늘도 산을
좋아한다
늘 의젓한 모습을

그래서일까?

산은
늘 기슭에 있는 옹달샘에
맑고 푸른 하늘을 가득 담고

하늘은
때로 띠구름을 보내어
산봉우리에 하얀 반지를 끼워준다.

꽃길

박경종

이 길로 어느 누가
오신다기에

개나리 노랑꽃을
들고 섰을까

이 길로 어느 누가
오신다기에

복숭아는 꽃보라를
뿌려주는가

아기야 아장아장
어서 걸어라

첫돌맞이 우리 아기
행차한대요

아기야 꽃길을
걸어 보아라

개나리꽃 방실방실
웃고 서 있다

이 길은 아름다운
꽃길이래요

복숭아꽃 이파리
춤추며 온다

우리 아기 예쁘다
방긋 웃어라

어머님 입김에도
꽃이 피었다

별이 떨어지는 밤

박화목

별들이 빗줄기처럼 쏟아지는 무더운
방이었다. 지금
아무도 어떤 해명解明 한 마디
생각할 수 없고
그냥 어그러진 자세대로
침묵 속에 잠겨 있는 것이었다

이웃 간의 다정한 회화會話도 끊기고
검은 장막帳幕 속에서 오직 하나
어둠을 밝히는 남포를 응시하면서
고독한

나의 고독한 창에 매달려
불현듯 쏟아지는 무수한 별들을 쳐다보는 것이었다

아 아 아
포플러여—
손길을 하늘 높이 뻗히라
신음呻吟에 가까운 그 소리가……

제발 저 별들을
좀 멈추어 다오

다시금 서정시인抒情詩人이 노래한
보석寶石 같은 별들이 반짝이는 하늘을,
그런 하늘을 내 곤비困憊한 두 눈망울에
머금게 하여다오

넌 꽃이잖아

석운영

친구야
세상엔 꽃보다
잡초가 훨씬 더 많아

왠 줄 아니
그건 바로 널 위해서야

넌 꽃이잖아.

바다

유승우

푸르고 큰 눈입니다.

눈물 마를 날이 없습니다.

아침이면 해를 낳는 기쁨으로 울고,

저녁이면 해를 잃는 슬픔으로 웁니다.

울 때마다 피눈물입니다.

바다는 어머니의 눈입니다.

개울가의 작은 집

유진형

뒷산서 흘러온 물
연주를 하고
앞들 위에 구름이
그림 치는 곳

개울가 작은 집에
빗님 오실 땐
창밖의 그를 보며
시 쓰고 싶다

비 갠 날 텃밭에서
채소와 놀다
나무 위 우는 새도
귀로 맞으며

아내와 도란도란
성 쌓기 하다
하늘님 노래 맞춰
춤추고 싶다

옥신각신

이명희

보라색 꽃
둘이서 바라보다

"얘는 유채꽃이야"
"유채꽃은 노란색이지"
"보라색도 있어"

보라색 유채꽃이라고 해도
들은 척 만 척
딴청만 피우는 동생

그 고집
누가 꺾을까?

작은 새

                    이호동

하루 종일 지친
나를 달래며
집으로 가는 길

흐르는 눈물에
걸음을 멈춰
괜찮아 괜찮아
소리 내 보지만
난 한낱 인형일 뿐

소리치지 말아 줘
절벽으로 밀지 말아 줘
난 당신의 인형이 아냐
너의 인형이 아냐

나도 노래하고 싶어
행복 가득한

저기 노래하는 작은 새
날 위해 노래하네

외로운 날 위해
작은 새 노래하네

높다란 절벽에서
작은 새 슬피 우네.

산 구름

장인찬

구름아 너는 누구를 비추고 감추고 있니
햇살을 구름 사이로
양지 음지 나누고
잠들게 했다 깨웠다 밤과 낮으로 내려와 산등성이를 타더니
새하얀 님으로 내 위에 보이는구나

구름아 너는 누구 위에 떠 있니
햇살을 등에 업고 다니며 무대 위에 조명으로
나를 주인공으로 삼아 비쳤다 감쳤다
삼라만상을 연출하더니
결국엔 너의 님을 그리며
내 위에 떠 있구나

구름아 너의 가슴은 넓구나
온 산지를 품어 사랑한다 말하며
무대 위에 앉아 쉼을 허락하는 너의 자태는
구름아 있을지어다, 천지창조이라
그 움직임이 보일락 말락 하지만 너는
끊임없이 나를 사랑한다 내려다보는구나

구름아, 너는 파란 하늘 아래 담겨 있구나
구름아, 너는 산이 되어 산을 짓고 산에 묻혀 사느냐
거기서
오만가지 자태로 님에게
그 사랑을
만 가지로 노래해 보렴

구름아, 너는 파란 햇살 아래 투영되어 있느냐
그 빛은 숨결이 되어 사랑의 아픔과 시련을
반짝이는 보석으로 빚고 있으며
축복의 시간으로 기약하는구나
그래 오늘도
더 높게 더 넓게 이 산을 품어보자
산 구름으로

감국甘菊 향이 빚는 아침

이소희

그 사람이 건네준
감국 차 한 잔
곰삭은 인생길처럼
혀에 녹는다

산기슭에 홀로 피어
햇빛과 바람으로 삭힌 향
푸른 하늘에 날리던 시절 있었다

실실이 감긴 향기 풀어내어
어여쁜 날 빚는 아침
찻잔에 담긴 갈
그 가을을 마신다

묘향산 여름날에

정려성

묘향산 여름날에 남에서 온 나그네가
로대 위에 앉아서 온 산을 바라보니
소나무 잣나무들이 손벽을 치며 일어섰다.

시원한 물소리는 가야금 가락이고
하늘에 떠가는 구름은 얼굴을 붉히는데
실오라기 하나 걸치지 않고 그리움을 나누었다.

바위에 새겨져 있는 수많은 사연들은
사랑의 노래가 되어 깊고 굵게 패었는데
너와 나는 남남 북녀가 되어 마음을 섞고 있었다.

잡초에게

차아란

소낙비가 오고 다음 날
잡초에게 이별을 고한다
사귀려고 애쓴 그대 맘은 알겠지만
내 취향이 아닌 것을 어쩌랴
그대까지 먹일 여력도 나는 없단다
집에는 옆지기 사람소와 축사에 소 두 마리와
고양이 세 마리 강아지 두 마리가,
늘 사랑을 요구하고
고추 350포기 참깨도 15줄
더구나 야채들도
손 내밀고 잡아달라 보채는데
내 사랑은 아주 소박한 것이란다
그대의 안식처는 크고 높은 곳에 있으니
이젠 나에게서는 영원히 안녕하자꾸나

긴힛둔 그츠리잇가

최순향

까만 밤하늘 유성이 긋고 가는 슬프게 아름다운 나라

풀잎과 이슬이 바람과 구름이 풀잎과 내가 이슬과 내가 바람과 또 내가 나와 구름이 그리고 그대와 내가, 어느 찰나 또는 아주 먼 동안 헤어진다 치자. 이합離合은 구원에서 와 찰나에 머물듯이 그건 인연의 날갯짓, 이슬이 골 안개 되어 구천九天에서 바람 만남 구름이다가 풀잎으로 되돌아오듯 도솔천에 함께 하는 어울림이 아름답지 아니한가. 허허虛虛 청청靑靑 나비의 날갯짓, 눈짓은 눈짓끼리 그렇게 이어지네 이어진다네. 보라 저 이끼 풀이 목말라 하거든 나 이렇게 노래 부르리

긴힛둔 그츠리잇가 긴힛둔 그츠리잇가 아, 님하

한강

함윤용

하나님의 지으신 동산
이 어찌 아름다운가
산마다 신록이 무성하고
강에는 물이 넘친다

가도 가도
아름다운 풍경은 끝이 없고
멋진 풍광을 다 볼 수 없고
장관을 이루는 산천을 다 느낄 수 없구나

잔잔한 강물 위에
물안개는 누가 피어오르게 하느뇨
누가 산을
강물 속에 그려 넣느냐

예쁜 꽃들은
노랗게 빨갛게 피어나고
우륵의 가야금 선율
유유히 탄금경에 흐른다

아~!
하나님이 만드신 세계
아름답고 경이롭도다
주님 계신 천국 얼마나 좋을까

그리운 메아리

최은하

머언 아주 먼 훗날에까지
메아리 모여 메아리 마을 이루는 하늘 아래
눈빛 말간 메아리
영롱하게 얼비치는 물방울 하나씩의 메아리
가슴 두근거리며 홀로 발광하는 메아리와 어울어
나도 메아리 되리
하냥 어디에도 머물지 못하고
그 어디라 떠돌며 끝날을 지내는 메아리
언제나 젖어서 울려 퍼지고
누구의 노래라도 놓치지 않고
따라 부르며 하늘로 오르는 메아리
하루가 저무는 석양녘이면
짙은 황혼에 잠겨서도
낭랑한 목소리의 메아리
깊은 산굽이 돌아 아슬한 절벽 마주하면
떨리는 손길 가다듬고 오색 날개로 훨훨 날아
어느 바람결에도 사위지 않고
꼬옥 제자리 찾아 돌아오는 메아리
그런 메아리 되어봤으면 싶다

시인 약력

시인 약력

권오숙 | 16_ 삶
1996년 《순수문학》으로 등단 / 시집 「물고기 입에서 동전을 꺼내다」 외 / 한국기독교문학상 수상 / 한국기독교문인협회 이사, 화요문학 동인

권옥란 | 43_ 침묵
2015년 《문예사조》로 등단 / 저서 「구름인 듯 길인 듯」, 「연못 속 판도라 상자」 외 / 문예사조신인상, 계간 문예작가상

권은영 | 15_ 오늘의 섬
2015년 《창조문예》로 등단 / 시집 「길 위에서」 외 / 「창조문예」문예상 수상 / 한국문인협회 회원, 한국기독교문인협회 이사, 이대동창문인회 회원, 창조문예문인회 회장 역임

김경수(金京洙, 1929~2002) | 44_ 창조創造의 노래
제14대 이사장 역임 / 시집 「창조의 노래」, 「꽃과 바다」, 「감람원과 추제와 통곡」, 「구름과 무기」, 「묵시록의 샘이 흐르는 공원」, 「하나의 마음으로」, 「콧구멍 청소의 날」 등이 있으며, 유고시집으로 「지구 밖으로 뻗은 나뭇가지」가 있음

김국애 | 78_ 소금 항아리
2009년 《창조문예》 수필 부문, 2018년 《인간과 문학》 시 부문 신인상으로 등단 / 수필집 「길을 묻는 사람」, 《국민일보 더미션》 시·에세이 연재 중 / 현대수필작가회 회원 및 운영위원 / 스위스 국제기능올림픽 한국 대표(1966), BCW 국제미용기구 명예회장, 현재 압구정 〈헤어포엠〉 대표

김국환 | 20_ 지나간 자리
1954년 충남 태안 출생 / 시집 「열의 일곱 무지개」 출판 / 국민훈장 옥조근정훈장 수상 / 한국기독교문인협회 회원 / 성결대학교 명예교수

김기동 | 76_ 어머니의 묘비명
《심상》으로 등단 / 저서 「상처는 그대 가슴에 별이 된다」, 「더해피트리」, 「메멘토 모리」 / 법무부장관상, 대한민국예술문화공로상, (사)한국예총 예술문화공로상, 한국문인협회이사장상, 글길문학대상 수상 / (사)한국예총 서울시연합회 부회장 역임, (사)한국예총 서울중구지회 초대회장 역임(현재 고문), 한국문인협회 서울중구지부장 역임(현재 고문)

김년균 | 137_ 새의 말
전북 김제 출생 / 1972년 이동주 시인 추천으로 등단 / 시집 『장마』, 『갈매기』, 「나는 예수가 좋다」 외 다수 / 한국현대시인상, 들소리문학상 대상, 문형로문학상, 윤동주문학상, 창조문예문학상 등 다수 / 한국기독교문인협회 고문, 한국문인협회 이사장 역임

김동민 | 54_ 그가 허락한 대로
2003년 부산 출생 / 2019년 월간 《창조문예》 등단 / 시집 『하늘을 보고 싶은 날』(창조문예사, 2019. 4. 30.) 출간

김명아 | 111_ 더블베이스 앙상블
2009년 《시와 산문》 등단 / 시집 『붉은 악보』, 『물속의 잠』, 『담다·닮다』 / 제3회 한국녹색문학상 수상 / 한국현대시인협회, 광화문시인회, (사)시와 산문문학회, 한국기독교문인협회 회원. 현재 계간 《시와 산문》 주간으로 활동

김명환 | 46_ 눈물
경기도 이천 출생 / 1993년 《한맥문학》으로 등단 / 저서 『영혼육의 전인적인 치유일기』 외 7권

김보림 | 114_ 빈 어항
1989년 월간 《문학공간》으로 등단 / 시집 『사금파리의 꿈』, 『돌아갈란다 꼬옥 돌아갈란다』, 『행복 한 점 더하기』, 『함께 가는 길』, 『위로의 손길』 / 영랑문학상, 순수문학대상(시 부문), 한국기독교문학상 수상 / 한국문인협회, 한국시인협회 회원, 한국기독교문인협회 이사, 여성문학인회, 국제PEN클럽 한국본부 이사

김부식 | 75_ 아린 아리랑
한국문인협회, 한국기독교문인협회, 국제PEN 한국본부 회원 / 크리스챤문학상, 한국서예신문대전 한국화 대상 / 현재 카자흐스탄 국제한문화예술협회 대표, 카자흐스탄 선교사

김석림 | 48_ 어둠 후에 빛은 오리라
1955년 충남 당진 출생 / 1997년 계간 《믿음의 문학》으로 등단 / 시집 『어둠 후에 빛은 오리라』 외 / 제4회 詩끌리오 한국작가상 수상 / 한국문인협회 회원, 한국기독교문인협회 상임이사 / 한빛동산교회 설교목사

김선영 | 18_ 달팽이 일기

전북 김제출생 / 동국대학교 국어국문학과 졸업 / 시집 「달팽이 일기」 외 다수 / 제9회 전라북도인물대상(문학창작공로 부문) 대상 외 다수 수상 / 국제PEN 한국본부 이사, 한국문인협회 이사, 한국기독교문인협회 간사

김순권 | 112_ 10월의 연가

1990년 월간 《한국시》로 등단 / 「그리움 한 점」 시집으로 한국기독교문학상 수상, 관악문화상 수상 / 한국문인협회 회원, 예장(통합) 총회장, CBS 이사장 역임

김순규 | 115_ 그대에게 이르는 길

1950년 전북 임실 출생 / 2020년 《창조문예》 시로 등단 / 시집 「솔바람 피리소리」 / 「창조문예」문예상 수상 / 한국문인협회 회원, 한국기독교문인협회 회원 / 창조문인협회 회장

김신철(金信哲, 1929~2001) | 138_ 겨울 오는 소리 · 1

1956년 《전남일보》에 동시 「건져 드릴까?」가 추천되어 등단 / 동요집 「장미꽃」(1956), 동시집 「은하수」(향문사, 1957), 「코스모스」(교학사, 1963), 「가을 오는 소리」(미래산업사, 1977), 「겨울 오는 소리」(아동문예사, 1989), 동시선집 「꽃구슬」(향문사, 1961) 등과 시집 「이곳으로 좀 오십시오」(시문학사, 1975) 등 집필

김영진 | 21_ 빈 그릇의 노래

경북 예천 출생 / 시집 「초원의 꿈을 그대들에게」, 「빈 그릇의 노래」, 「열린 문으로 들어가기」, 「성경의 노래」 등 500여 권 / 한국기독교문학상, 한국수필문학상, 한국문학예술대상, 동포문학상 등 수상. 대통령 표창, 대한민국 은관문화훈장 / 한국시인협회 이사, 한국잡지협회 회장, 한국기독교문인협회 이사장 등 역임. / 김영진문학관과 세계 명시, 한국 명시 시비 정원 조성

김예성 | 140_ 꽃병

전북 진안 출생 / 《문예사조》 등단 / 시집 「침묵의 방을 꾸미다」 외 5권

김옥례 | 22_ 민달팽이

저서 「왜 포기하십니까」, 「왜 포기하지 못합니까」 / 시집 「밤이 깊어지면」 / 봉신교회 전도사, 부흥사

김완수 l 50_ 대기권

월간 《문학공간》 시 등단 / 시집 『감사꽃』, 『미친 사랑의 포로』, 『대자연의 가르침』, 신앙간증집 『사명의 비밀과 열매』, 신앙에세이집 『하나님의 마음』 / 2004년 세계평화문학상, 2019년 황금찬시문학상, 2022년 타고르 기념문학상 등 다수 수상 / 기독교문학가협회 세계화추진위원장, 《선교신문》과 《기독일보》에 시 연재

김재용 l 52_ 현관문 스르르 열리듯이

1939년 전남 목포 출생 / 1978년 월간 《아동문예》 동시 3회 추천 완료로 등단 / 『한국동시선집』, 『한국동시의 논평과 해설』 외 6권 / 한국동시문학상, 한국아동문학상, 전남문학상 등 수상 / 목포·신안예총 자문위원, 새벗문학회 16년 회장 역임

김종욱 l 24_ 링거

2015년 《문예사조》 등단 / 시집 『나는 은사시나무를 받아 적는다』

김한나 l 80_ 엎어지기

1950년 전북 오수 출생 / 시집 『엎어지기』 외, 소설집 『벚꽃, 조선에 흩날리다』 외 공저 / 한국기독교문인협회 이사

김현승(金顯承, 1913~1975) l 25_ 절대신앙絕對信仰

한국기독교문인협회 제5, 6대 이사장 역임 / 1935년 「유리창」, 「철교」, 「이별의 시」, 「묵상수제」 등을 발표 / 시집으로 『김현승 시초』와 『견고한 고독』, 『옹호자의 노래』, 『절대 고독』, 『눈물』 등의 작품이 있음

김형주 l 141_ 비를 맞으며

2006년 《믿음의 문학》으로 등단 / 시집 『아버지와 우산 쓰기』(2006) / 현재 미국 유니온신학대학교(버지니아) 이사, 미국 버지니아 리치몬드주예수교회 담임목사

김홍섭 l 116_ 그리움 크면 산 되지

건군 34주년(1982년) 《전우신문》 시 당선, 《문학세계》 신인상 등단 / 시집 3권 출간 / 세계한인문학가협회, 중앙일보(벤쿠버) 문예상 수상 / 창작21작가회, 한국기독교문인협회 이사. 상황문학회 회장. 한국시인협회, 강남시문학회 회원 / 인천대학교 명예교수

김효경 | 117_ 봄날의 월담

시인, 사진작가 / 시집 『풍경, 그 사이사이에 꽃 핀다』 외 7권 발행 / 경기도문학상, 성호문학상 외 다수 수상 / 한국기독교문인협회 이사. 한국현대시인협회, 한국사진작가협회 회원. 한국문인협회 안산지부 회장 역임

노유섭 | 142_ 순천만 갈대숲

1990년 《우리문학》으로 등단 / 시집 『꽃배추를 아시나요』 외 10권, 소설집 『원숭이의 슬픔』 / 현대시인상, 계간문예문학상, 한국기독교문학상, 문학비평가협회상, 삼봉문학상, 박남수문학상 등 수상 / 국제PEN 한국본부 자문위원. 현대시인협회 부이사장, 관악문인협회 회장 역임

류재하 | 143_ 산과 하늘

1990년에 등단한 시인, 아동문학가 / 저서 26권 있는 원로목사 / 한국기독교문학상, 한국아동문학작가상 수상 / 한국기독교문인협회 고문, 한국아동문학회 자문위원, 한국문인협회 전통문학연구위원

박경종(朴京鍾, 1916~2006) **| 144_ 꽃길**

한국기독교문인협회 제15대 이사장 역임 / 1933년 《조선중앙일보》에 동요 〈왜가리〉, 1940년 《동아일보》 신춘문예에 동요 〈둥글다〉 당선 / 저서로 동시집 『꽃밭』, 『초록 바다』, 『고요한 한낮』과 동화집 『노래하는 꽃』, 『해님이 보낸 화살』, 『다람쥐 장수』 등이 있음

박목월(朴木月, 1915~1978) **| 55_ 어머니의 기도**

한국기독교문인협회 제8대 이사장 역임 / 1940년 《문장》 9월호에 「가을 어스름」, 「연륜」으로 추천 완료하여 문단에 데뷔 / 1946년 박두진, 조지훈 등과 청록파를 결성하고 『청록집』 발간. 「임」, 「윤사월」, 「청노루」, 「나그네」 등의 작품이 있음

박영하 | 26_ 다락방에서

한국문인협회 제28대 시분과 회장. 월간 《순수문학》 편집주간. 국제PEN 심의위원장

박원혜 | 56_ 잠

1957년 강원도 화천 출생 / 2000년 《믿음의 문학》으로 등단 / 시집 『상처를 위하여』, 『저녁이 되고 아침이 되니』

박이도 | 27_ 어느 인생

1938년 평북 선천 출생 / 1962년 《한국일보》 신춘문예 시 당선 / 시집 『북향』 외 다수. 시론집 『기독교와 한국문학』 외 다수 / 한국기독교문학상, 편운문학상 수상 / 한국기독교문인협회 증경이사장 / 경희대 명예교수

박재화 | 30_ 복서

1951년 충북 보은 출생 / 1984년 《현대문학》 2회 추천 완료로 등단 / 시집으로 『도시의 말』, 『우리 깊은 세상』, 『전갈의 노래』, 『먼지가 아름답다』, 『비밀번호를 잊다』 등이 있음 / 한국기독교문학상 등 수상 / 두원공대 겸임교수

박종권 | 81_ 귀향

김제(현재 전주) 출생 / 1999년 월간 《순수문학》 등단 / 『새벽별 지기 전 당신은 떠나고』, 『사랑 하나 달랑 지고 가네』 외 / 영랑문학상 본상, 순수문학상 작가대상 / 한국기독교문인협회 부이사장, 한국문인협회 이사, 국제PEN한국본부이사, 순수문학인협회 부회장 / 관세법인 플러스원(평택) 대표관세사

박화목(朴和穆, 1924~2005) **| 146_ 별이 떨어지는 밤**

한국기독교문인협회 제12, 13대 이사장 역임 / 필명 박은종 / 1941년 《아이생활》에 동시 「피라미드」와 「겨울밤」이 추천되어 문단 활동 시작 / 시집 『시인과 산양』, 『주의 곁에서』 등과 동화집 『꽃잎파리가 된 나비』, 『부엉이와 할아버지』 등이 있으며 가곡 〈보리밭〉, 동요 〈과수원길〉을 작사하였음

배상호 | 82_ 언덕을 넘어

1987년 《시와 의식》 시 부문 신인상으로 등단 / 시집 『가진 것은 없어도』 외 20권 상재 / 소월문학상 수상 등 다수 / 한국농민문학회 회장, 국제PEN클럽 한국본부 회원, 한국문인협회 이사 역임 / 봉포배상호시인 문학기념관 설립 운영

배정규 | 118_ 당기는 것

저서 『품는다는 것은』, 동인지 외 다수 / 한국미소문학 본상, 문화관광부 국회의원 노웅래 대상 수상 / 한국문인협회 회원, 〈시가 흐르는 서울〉 회장

석용원(石庸源, 1930~1994) **| 119_ 종려**棕櫚

한국기독교문인협회 제16, 17대 이사장 역임 / 1955년 시집 『종려』를 출간하며 문단 활동 시작, 같은 해 《새벗》에 동시 「6월을 타고」를 발표하며 동시를 쓰기 시작 / 저서로는 『불어라 은피리』, 『목장의 노래』 등 다섯 권의 동시집이 있으며 시집으로 『종려』 등 아홉 권을 펴냄. 그밖에 대학 교재로 『아동문학개설』과 『유아동화의 구연교육』 등 여러 권이 있음

석운영 | 148_ 넌 꽃이잖아
1957년 경남 합천 출생 / 《부산문학》 등 다수 문학지 출품 / 2018년 대한민국 문학응모대상 수상 / 장유은혜교회 담임목사

신호현 | 83_ 북한에 바로왕
시집 「통일이 답이다」 외 7권 / 종로문학상, 성천문학상, 타고르문학상 수상 / 한국문인협회 회원, 한국기독교문인협회 간사, 종로문인협회 감사, 한국아동문학회 이사, 한국대경문학 이사, 송파문인협회 사무차장 / 현재 배화여자중학교 진로상담부장

심홍섭 | 57_ 아름다운 멍에
1994년 《크리스천문학》 시 부문 등단 / 저서 「뼈아픈 참회」 외 6권 / 크리스천문학작가상, 김영일다람쥐문학상 수상 / 한국기독교문인협회 이사

안혜초 | 120_ 우리 사랑 지금은
시집 「귤 레먼 탱자」, 「살아있는 것들에는」 외 다수 / 윤동주문학상, 한국PEN문학상, 한국기독교문학상 등 수상 / 한국PEN 자문위원, 한국기독교문인협회 고문

양규창 | 122_ 사랑의 빛
1999년 《문예사조》 등단 / 전북문인협회 부회장, 전라시조문학회 회장, 남원혼불문학관 관장, 남원고전소설문학관 관장

양효원 | 58_ 비파 소리
1951년 전북 부안 출생 / 1992년 《시와 의식》으로 등단 / 시집 「어찌 그리 아름다운지요」, 「사랑 서곡」, 「창문 노트」, 「비파 소리」 등 / 한국기독교문인협회 부이사장, 월간 《창조문예》 주간 역임

엄원용 | 84_ 벽壁
1944년 출생 / 1974년 《수필문학》으로 등단 / 시집 「이 땅의 노래」 외 12권, 수필집 「뚝배기에 담긴 사상」 외 2권 / 허균문학상 등 수상 / 한국문인협회 회원, 한국가곡작사가협회 회장 역임, 한국기독교문인협회 부이사장 역임

엄창섭 | 59_ 맑은 눈물의 기도

강릉 출생 / 《화홍시단》(1966) 발행인, 《시문학》 출신 / 현재 가톨릭관동대 명예교수, 한국기독교문인협회 및 아태문인협회 고문, (사)k—정나눔 이사장, 월간 《모던포엠》 주간. 한국시문학학회 및 김동명학회 회장 역임

오성건 | 28_ 한세상 사노라면

2014년 월간 《수필문학》 수필 등단, 2016년 월간 《문학세계》 시 등단 / 수필집 「처음이고 마지막 쓰는 자화상」(2010), 시집 「한 세상 사노라면」(2020), 「사무친 사랑이여」(2024) / 대한민국문화포장, 한국장로문학본상, 월간문예사조본상 / 서정주미당시맥회 부회장(현), 한국수필문학가협회 사무총장(현), 송정교회 원로장로(현). 한국장로문인협회 회장 역임

오인숙 | 123_ 나이테

인천 출생 / 1975년, 1976년 전국주부백일장 시부 장원 / 2001년 《믿음의 문학》으로 등단 / 시집 「밤에 부르는 노래」, 「귀향」, 「처방전을 주세요」, 「갓 구운 빵」 외 공저 다수

용혜원 | 124_ 너를 만나러 가는 길

1952년 서울 출생 / 1992년 《문학 의식》으로 등단 / 시집 95권, 시선집 10권, 동시집 2권, 총 저서 208권

유승우 | 149_ 바다

경희대 국문과, 한양대 대학원 졸업. 문학박사 / 1966년 《현대문학》 등단 / 시집 「바람변주곡」, 「노래와 춤」 등 11권. 저서 「몸의 시학」 등 5권. 자서전 「시인 유승우」 출간 / 경희문학상. 후광문학상. 「창조문예」문학상 등 다수 수상 / 한국문인협회 자문위원, 국제PEN 한국본부 고문 / 한국기독교문인협회 이사장 역임

유진형 | 150_ 개울가의 작은 집

목원대학교 신학대학, ACTS, 美 FTS 졸업. 신학 박사 / 저서 설교집 4권, 성경설교시집 4권, 시집 2권 / 47년 목회 후 춘천 안디옥교회에서 원로목사로 은퇴

유혜목 | 86_ 버려진 교자상

전북 전주 출생 / 1984년 월간 《시문학》으로 등단 / 시집 「눈을 감으면 바깥보다 눈부시다」 외 5권, 논저 「서정주 시 이미지 연구」 외 2권 / 한국기독교문인협회 33대 이사장 역임 / 나사렛대학교 교수 역임

윤갑철 | 87_ 시골 편지

전북문인협회 전북지회장, 한국아동문학회 고문 / 전북 경찰청 경목, 참수리교회 담임목사

윤병춘 | 88_ 고란초

전남 강진 출생 / 2018년 계간 《시선》으로 등단 / 시집 「빛의 그리움」 / 한국문인협회 감사

이경자 | 31_ 황혼의 미소

시집 「황혼의 미소」 외. 동화집 「주님의 어린이를 위한 꽃의 마음」 외 / 이천문인협회 9대 회장 역임

이명희 | 151_ 옥신각신

충북 충주 출생 / 《믿음의 문학》으로 등단 / 동시집 「웃음 도돌이」, 「고사성어로 알아보는 세상 이야기」 등 / 한국아동문학 대상(본상), 한국기독교문학상 등 수상 / 한국문인협회, 한국아동문학회 회원. 한국기독교문인협회 부이사장

이문수 | 60_ AI목사에게

1961년 경기도 이천 출생 / 2013년 《시선》 신인상으로 등단 / 시집 「들국화」, 「도자기의 눈물」 외 다수 / 한국문인협회, 한국기독교문인협회 회원. 이천기독문인회 회장 역임 / 설봉감리교회 담임목사

이상조 | 108_ 마지막을 기다리는 심정

2008년 《창조문예》 등단 / 작품집 「꼭 하고 싶은 말」, 「겨울에 피는 꽃」 외 다수 / 한국문인협회, 국제PEN클럽, 뉴욕시인협회, 한국기독교문인협회 회원 / 뉴저지 한인루터교회 담임목사, 고어헤드선교회 대표

이석규 | 90_ 아버지

전북 남원에서 출생 / 시집 「빈 잔의 시놉시스」, 「나는 눈 오는 날 붕어빵집에 간다」, 「외할아버지 기도」, 소설 「후예」 제1권 「시산군」, 제2권 「남원 3·1독립만세의거」 / 한국문인협회, 한국기독교문인협회, 현대작가 회원. 계간문예 이사

이선님 | 125_ 낙엽의 노래

1962년 전북 부안 출생 / 2000년 《믿음의 문학》 등단 / 시집 『사랑의 편지 왔어요』 / 한국기독교문인협회 이사 / 시 낭송가

이성교(李姓敎, 1932~2021) | 92_ 까치 소리

한국기독교문인협회 제27대 이사장 역임 / 1957년 「윤회」, 「혼사」, 「노을」이라는 작품으로 문단 활동 시작 / 시집 『산음가』(1965), 『하늘 가는 길』(1989)과 평론집 『현대시의 모색』(1982), 『한국 현대시인 연구』(1997) 등이 있음

이소희 | 156_ 감국甘菊 향이 빛는 아침

시집 『목련이 피는 이유』, 『모스크바의 자작나무 추억』, 『땅끝에서 인디아까지』 등 다수. 풍시조집에 『그는 왜 그리』와 『나 없는 나라』 / 한국문인협회, 한국현대시협회 회원, 한국기독교시인협회 이사, 조선문학문인회 지도위원, 풍시조 발행인. 21C시학아카데미 학장 역임

이수영 | 32_ 무지개 생명부生命賦

1952년 서울 출생 / 1994년 시집 『깊은 잠에 빠진 방의 열쇠』를 통해 등단 / 시집 『무지개 생명부』, 『안단테 자동차』 등 / 서정시학상, 천상병시상, 한국기독교문학상 등 수상 / 숙명여대 문학인회 회장 역임, 한국시인협회 상임위원, 한국기독교문인협회 이사장

이실태 | 96_ 한 서린 낙동강

경북 상주 출생 / 1997년 《크리스챤신문》에 목회수기 부문 당선 / 저서 『순례자의 노래』, 『임 따라 사는 길』 외 11권 / 짚신문학상, 크리스챤문학가대상, 문예사조문학상 대상 등 수상 / 한국문인협회, 총신문학, 짚신문학회원. 숨문학작가협회 고문 / 소망교회 원로목사

이오장 | 33_ 수의는 주머니가 없다

시집 『왕릉』, 『고라실의 안과 밖』, 『천관녀의 달』 등 21권. 평론집 『언어의 광합성, 창의적 언어』, 시평집 『시의 향기를 찾아서』 / 제5회 전영택문학상, 제36회 시문학상 등 수상 / 한국문인협회, 국제PEN 한국본부 이사. 부천문인회 고문, 한국NGO신문 신춘문예 운영위원장. 한국현대시인협회 부이사장 역임 / 문학신문사문학연수원, 국보시문학아카데미 시 창작 강사

이 탄(李炭, 1940~2010) | 126_ 약속

제24, 25대 이사장 역임 / 본명 김형필 / 1964년 《동아일보》 신춘문예로 등단 / 시집으로 『바람 불다』, 『옮겨 앉지 않는 새』, 『소등』, 『줄 풀기』 등이 있음

이춘원 | 34_ 몽당연필

1954년 전북 진안 출생 / 1997년 『순수문학』 등단 / 시집 『가지에 걸린 하얀 달빛』, 『꽃길』 등 11권. 산문집 『바람 속에 우는 하프』 등 / 2001년 순수문학상 본상, 2011년 한국서정문학상, 2021년 관악문학상 수상 / 전 한국기독교문인협회 부이사장, 예띠시낭송회 회장, 상황문학 회장

이해경 | 94_ 장미 옆에서

전남 해남 출생 / 2018년 《시선》으로 등단 / 시집 『사랑하는 사람들을 향한 사랑의 노래』 / 한국문인협회 회원, 한국기독교문인협회 사무차장

이해수 | 97_ 어머니의 유산

경기도 이천 출생 / 《시선》 신인상으로 등단 / 한국기독교문인협회 회원, 한국문인협회 회원

이향아 | 35_ 세상의 후미진 곳에서

1963~1966 《현대문학》 3회 추천 완료로 등단 / 시집 『순례자의 편지』 등 25권, 수필집 『새들이 숲으로 돌아오는 시간』 등 18권, 문학이론서 및 평론집 『시의 이론과 실제』 등 8권 / 시문학상, 한국문학상, 『창조문예』문학상, 신석정문학상, 문덕수문학상, 동북아기독교문학상 등 수상 / 테마시 동인. 호남대학교 명예교수

이행자 | 61_ 썩고 지고 죽고 지고

1994년 《문예한국》 등단 / 시집 『손 대지 않은 돌』 외 다수 수상 / PEN문학상, 영랑문학상 등 수상 / 한국문인협회 이사, 국제PEN 한국본부 이사

이호동 | 152_ 작은 새

2024년 《국제문학》 등단 / 시집 『따스한 바람이 너에게 닿기를』, 싱어송라이터 〈작은 새〉, 〈주여, 나를 구원하소서〉 / 학교폭력 근절 전국 활동가, 전국민 참여 학교폭력 예방 시 공모전 주최, 전국투어 학폭근절 시화전 개최, 제7회 대한민국 SVE 특별상 수상. 라디오 광주FM88.9 〈글로 쓰는 음악〉 PD 겸 DJ

이희복 | 127_ 나무 밑에서

1957년 전남 순천 출생 / 개인시집 2010년 『더 사랑하기』, 2022년 『홀로 떠난 여행』 외 / 한국문인협회, 한국기독교문인협회 이사. 국제PEN클럽 한국본부, 안양문인협회 이사. 화요문학 동인 / 필리핀 선교사, 외국인을 위한 한국어 교사

임승천 | 130_ 사랑으로
충남 공주 출생 / 월간시지 《심상》 등단(1985년 1월호) / 시집 『노들레 흰들레』, 『삶의 바다로 떠나는 시』 외 5권, 한국예술가곡 작시 독집 음반 〈그리운 사람아〉 외 4장 / 한국기독교문학상, 월간문학상 수상 / 한국기독교문인협회 이사장 역임

임인수(林仁洙, 1919~1967) | 62_ 땅에 쓴 글씨
1944년 「봄바람」을 발표하여 문단 활동 시작 / 작품으로 동화 『눈이 큰 아이』와 시집 『주의 곁에서』 등이 있음

장수철(張壽哲, 1916~1993) | 128_ 소망
한국기독교문인협회 제18대 이사장 역임 / 평양 출생 / 1933년 《조선중앙일보》에 시가 당선되어 등단 / 1950년 6·25전쟁으로 월남하여 아동문학에 주력하고 시와 동요 창작에 전념 / 시집 『전망도』, 『서정부락』, 『관악산 뻐꾸기』, 『계절의 송가』 등이 있음

장인찬 | 154_ 산 구름
1972년 서울 출생 / 합동신학대학원(M.Div.) 졸업 / 계간지 《믿음의 문학》 시 부문 등단, 월간 《문학공간》 동화 부문 등단 / 한국문인협회 회원, 한국기독교문인협회 이사, 성동문인협회 회원 / 영화교회 교육목사

전길자 | 37_ 생애生涯
서울 출생 / 1989년 《문학공간》 등단 / 시집 『꽃의 기호』 외 7권 / 숙명문학상, 한국기독교문학상 수상 / 한국시인협회, 한국기독교문인협회, 여성문학인회 이사, 공간시 상임시인

전홍구 | 36_ 나뭇가지 끝에 걸린 하늘
1991년 시, 수필 등단 / 시집 제3집 『나뭇가지 끝에 걸린 하늘』, 제5집 『먹구름 속 무지개』, 제6집 『그래도 함께 살자고요』, 제7집 『나의 펜은 마른 적이 없었다』 등 / 2008년 한국민족문학상 대상 수상, 2012년 세종문화예술대상 수상, 2024년 한국환경관리사총연합회 환경시문학대상 수상 / 한국문인협회 시분과 회원, 한국기독교문인협회 이사

정려성 | 157_ 묘향산 여름날에
1970년 《전남일보》(현재 광주일보) 신춘문예 시 당선, 《시조문학》 시조 당선 외 / 시집 『바람집』, 『어떤 연가』, 『원죄이후』, 시조집 『묘향산 여름날에』 외 / 한국시문학대상, 노산문학상, 화순문학상 외 / 한국문인협회, 현대시인협회, 강남문인협회 회원 외

정선혜 | 40_ 주전자 마음
1981년 《아동문학평론》에 평론, 2001년 《아동문학연구》에 동시가 당선되어 등단 / 평론집 『한국아동문학을 위한 탐색』, 동수필집 『엄마가 딸에게 주는 사랑의 편지』, 동시집 『다롱이꽃』, 『초롱이, 방긋 웃으려 왔어요』, 공저 『독서치료의 이론과 실제』, 공동번역 『시치료 이론과 실제』 / 방정환문학상 등 수상 / 한국독서치료학회 부회장, 독서심리전문상담사

정승화 | 64_ 놋뱀
2006년 《문학 21》 등단 / 시집 『무릎 시계』, 『꽃의 배꼽』 / 제4회 세계시인협회 한국시인상, 제14회 한국녹색시인상 수상 / (사)시와산문 이사, (사)시와산문 편집위원 역임

조정태 | 66_ 땅 위에 쓴 글씨·2
1950년 여수 출생 / 2019년 《창조문예》 등단 / 시집 『땅 위에 쓴 글씨』, 『그 밤이 있었기에』 / 창조문인협회, 한국기독교문인협회 회원 / 현재 〈세일커뮤니케이션〉 대표

조창희 | 104_ 한과
1947년 경북 안동 출생 / 1989년 어린이찬송가작사 공모 당선으로 박화목, 석용원 선생 추천 등단 / 동시집 『달빛노래』, 『빛의 나라』 외 저서 다수 / 한국기독교문학상, 대한민국동요대상, 박경종아동문학상, 아동문학대상(본상) 등 수상 / 감리교 목사

차아란 | 158_ 잡초에게
1957년 강원도 속초 출생 / 2002년 《해동문학》으로 등단 / 한국문인협회, 대구 서설시 동인 / 가정복지회 고령지역자활센터

최규창 | 63_ 주±여 어디로 가시나이까
전남 나주 출생 / 1982년 《현대문학》지 추천 완료로 등단 / 시집 『어둠이후』, 『영산강비가』 외 다수. 시론집 『한국기독교시인론』, 『사랑의 넓이와 깊이』, 『사랑의 시학』 / 현재 한국기독교문인협회 명예이사장, 월간 《창조문예》 주간

최순향 | 159_ 긴힛돈 그츠리잇가
1997년 계간 《시조생활》 등단 / 윤동주문학상, 시천시조문학상, 한국문인협회작가상, PEN시조문학상 등 수상 / (사)세계전통시인협회 한국본부 이사장, 국제PEN 한국본부 심의위원, 한국문인협회 이사

최영순 | 131_ 사월의 신부

미국 캘리포니아주 파사데나의 Fuller Theological Seminary(D.Min 목회학 박사)에서 목회상담학을 전공 / 저서로 「내가 만난 인생 1편(실로암 물가에서)」, 「내가 만난 인생 2편(사마리아 우물가에서)」을 발간 / 한국문인협회, 은평문인협회, 한국기독교문인협회 회원 / 현재 주님말씀의교회 담임목사 겸 상담사, 한국목회상담협회(KACP) 회원

최은하(崔銀河, 1938-2023) | 162_ 그리운 메아리

한국기독교문인협회 제 20대 이사장 역임 / 1959년 시 「꽃에게」로 김광섭의 추천을 받아 《자유문학》에 등단 / 시집 「너와의 최후를 위하여」, 「보안등」, 「꽃과 사랑의 그림자」 등 19권과 수필집 「그래도 마저 못한 말 한마디」, 「바람은 울지 않는다」 등을 펴냄

최창일 | 132_ 느낌

《시와 사람》으로 시 쓰기 시작 / 시집 「시원의 입술」 외 9권, 산문집 「살아 있는 동안 꼭 해야 할 101가지」(9년 연속 스테디셀러) 외 다수 / 한국현대시인상, 한국언론사연합회 문화대상, 성남일보문화대상 / 광운대학교 명예교수

피기춘 | 68_ 시를 쓰는 이유

강릉시 출생 / 문학박사, 전 중부대학교대학원 국어국문학과 교수 / 월간 《문예사조》, 계간 《우리문학》 시 등단(1994) / 한국어사랑 세계시낭송협회 대표, 영동극동방송 〈문전성시〉 진행, 강릉 시온성교회 시무장로

하나은 | 72_ 말[言]아 말[馬]아

전남 순천 출생 / 1998년 《문예사조》 신인상 등단 / 작품집 「사랑하고 싶어」 외 / 한국문인협회 회원, 한국기독교문인협회 이사, 하나장학회, 하나예술원교회 담임목사

하옥이 | 133_ 여백론餘白論

시집 「구름 위의 방」 외 다수, 가곡독집과 음반 〈별이 내리는 강 언덕〉 외 다수 / 국제PEN 한국본부 심의위원, 한국여성문학인회 사무처장, 《문학인신문》 사무국장, 월간 《시see》 편집국장, 격월간 문학의 빛 《작가와 함께》 발행인

한준택 | 134_ 기억의 꽃밭

전남 고흥 출생 / 총신대학교 신학대학원, 미국애쉬랜드대학교 신학대학원, 세종대학교 정책과학대학원 / 《창조문예》 시 등단 / 한국문인협회 회원, 한국기독교문인협회 이사 / (사)한국노인문화복지협회 이사장, 가정치유상담원 원장

한해경 | 98_ 발효는 나의 힘
서울 출생 / 2019년 《창조문예》로 등단 / 작품집 『꽃이 진 자리마다』, 『나무 마네킹』, 『강물처럼 흐르다』(공저), 『2020년, 봄이 없다』(공저), 『수금을 울리다』(공저) / 창조문인협회, 이대동창문인회 회원

함윤용 | 160_ 한강
1949년 전북 김제 출생 / 시집 『그리움은 달빛을 타고』, 『삼각산에 올라』, 『내 심령을 갈아 엎으소서』 외 다수 / 한국기독교문인협회 이사, 한국문학정신 회원 / 연세중앙교회 사무국 근무

허소라(許素羅, 1936~2020) | 100_ 겨울밤 전라도
한국기독교문인협회 제28대 이사장 역임 / 본명은 형석(衡錫) / 1959년 《자유문학》에 「지열」, 「피를 말리는」, 「도정」 등 시 세 편이 추천되면서 등단 / 시집 『목종』, 『이 풍진 세상』 등과 산문집 『흐느끼는 목마』, 『숨기고 싶은 이야기』, 평론집 『못다 부른 목가』 등을 펴냄

홍금자 | 38_ 정말 시간은 기다려 줄지도
1987년 《예술계》 등단 / 시집, 시선집 『지구도 기척을 한다』 등 20권 / 윤동주문학상, 한국기독교문학상, PEN문학상, 월간문학상 등 다수 / 국제PEN 한국본부, 한국여성문학인회, 한국기독교문인협회 이사

홍계숙 | 70_ 마르지 않는 생명 샘
충남 아산 출생 / 《순수문학》으로 등단 / 저서 『확인된 사랑』, 공저 『하루의 시작 앞에서』 외 / 한국시인연대본상 수상 / 한국문인협회 남북문학교류위원, 국제PEN클럽 한국본부 이사, 한국시인연대 부회장, 한국기독교문인협회 시분과위원장

황금찬(黃錦燦, 1918~2017) | 102_ 보리고개
한국기독교문인협회 제9, 10, 11대 이사장 역임 / 1953년 《문예》와, 박목월의 추천을 받아 《현대문학》에 시를 기고하며 등단 / 1965년 첫 시집 『현장』을 낸 이후 『五월나무』(1969)와 『나비와 분수』(1971) 등 수십여 권의 시집을 펴냄

황대성 | 105_ 빠알간 마음
저서 『깊은 밤에 깨어 있다는 것은』 / 한국문인협회 회원, 한국시인협회 회원, 한국기독교문인협회 이사 / 충주 〈봉숭아꽃잔치〉 21회 개최

황송문 | 106_ 까치밥

전북 임실 출생 / 《문학》으로 등단 / 시집 「조선소」, 연구논문집 「현대시 창작법」, 「소설창작법」, 「수필창작법」 등 70여 권 / 한국현대시인상, 홍익문학상, 전북문학상 수상 / 선문대학교 명예교수

황희종 | 69_ 다시 주님 앞으로

2005년 《문학세계》 수필 부문 등단 / 성결대학교, 동 신학대학원 졸업(석사), USA King David University 교육상담학 명예박사 / 모범 공무원으로 국무총리상, 청룡봉사상, 옥조근정훈장 수상

| 편집위원 |

고　문 : 최규창, 유혜목, 김행숙
위원장 : 홍계숙
위　원 : 김석림, 이문수, 이명희, 김예성, 김기동, 이해경

| 창조문예 시선 016 |

너를 만나러 가는 길

초판 발행일 2025년 3월 17일

지은이　사단법인 한국기독교문인협회 편
펴낸이　임만호
펴낸곳　창조문예사
등　록　제16-2770호(2002. 7. 23)
주　소　서울특별시 강남구 압구정로(청담동) 404, 2층(우 : 06014)
전　화　02) 544-3468~9
F A X　02) 511-3920
E-mail　holybooks@naver.com

책임편집　김종욱
디자인　이선애
제　작　임성암
관　리　양영주

ISBN　979-11-91797-69-5　03810
정　가　12,000원

※ 잘못된 책은 바꾸어 드립니다.